civitas
MAGISTERIO

El diálogo que somos

Ética discursiva y educación

Alexander Ruiz Silva

civitas

MAGISTERIO

EL DIÁLOGO QUE SOMOS
Ética discursiva y educación

Autor
© Alexander Ruiz Silva

Libro ISBN: 978-958-20-0921-2

2008. Primera edición.
2011. Segunda edición.

© **COOPERATIVA EDITORIAL MAGISTERIO**
Diag 36 Bis No 20-70 PBX:2884818
Bogotá, D.C. Colombia
www.magisterio.com.co

Dirección General
ALFREDO AYARZA BASTIDAS

Dirección Editorial
PÍO FERNANDO GAONA P.

Coordinación Académica
MARIETA QUINTERO, ALEXANDER RUIZ

Impresión: LA IMPRENTA EDITORES S.A.

A
Guillermo Hoyos Vásquez

Contenido

Prólogo

Este libro es el resultado de un trabajo serio en dos aspectos. Se esfuerza, en primer lugar, de forma importante, en traducir una teoría abstracta y, a veces, abstrusa como la ética del discurso y la teoría de la Acción Comunicativa (TAC) de los filósofos alemanes K.O. Apel y J. Habermas, a un lenguaje inteligible para lectores no iniciados en la jerga filosófica. Y, en segundo lugar, en aplicar esta teoría a la realidad educativa latinoamericana, con el objetivo de intervenir en ella con pretensiones evidentes, abiertas y confesadas, de modificarla hacia la mejor dirección. ¿Cómo? Transformando la violencia en conflictos, los conflictos en problemas, y los problemas en propuestas y políticas concretas que deben ser apoyadas y reforzadas por campañas.

Pues bien, esta cadena de transformaciones sólo es posible si las instituciones educativas cumplen su papel en el espacio público, sometido a la violencia política, abierta y explícita, y a otra implícita y encubierta en la dinámica económica y tecnológica, y que acaso incide más que la primera. La violencia política y la violencia tecnocrática convergen ambas en la pugna por el control del espacio económico, sus fuerzas y sus recursos. ¿Qué papel le queda en este espacio inhóspito a la tarea educativa?

La pugna económica es inevitable, pero no lo es que deba ser abordada por métodos violentos abiertos o encubiertos, sino que

puede serlo por métodos democráticos. La tarea no es sencilla, pues incluye la construcción social y política de normas y sistemas normativos en los que deben participar todos aquellos y aquellas cuyas vidas serán reguladas por ellos. Y porque requiere que los participantes sean interlocutores activos, capaces de intervenir en debates en los que lo que cuenta es la buena información y las competencias comunicativas como la argumentación y la deliberación (aparte de otras como la narración, la interpelación, etc.). Un espacio público, político, en el que la información plural y las opiniones diversas circulen sin restricciones impuestas por la violencia de uno u otro signo y sin obstáculos técnico-económicos. Pero ese espacio no sería nada sin una educación pública que forme, desde la escuela, interlocutores y ciudadanos activos en lugar de súbditos pasivos, capaces de enjuiciar críticamente en público, según criterios de justicia, equidad, libertad y dignidad, realidades legislativas y normativas que no se ajusten a dichos criterios, así como a las autoridades y poderes establecidos que las defiendan en nombre de intereses particulares.

Por eso creo que es un acierto que el autor lleve su investigación a experiencias pedagógicas que ponen en primer plano la participación activa de los alumnos y alumnas en la determinación de normas de convivencia escolar, y no dé el mayor valor a la obediencia ciega y mecánica a un sistema educativo bien organizado y eficiente, pero diseñado a espaldas de los afectados y, a lo mejor, en contra de su autonomía.

Alex Ruiz no está interesado en escribir un manual de normatividad y organización escolar, propio de las modernas sociedades "eficientes", ni un catecismo lleno de respuestas pedagógicas a todas las preguntas educativas, tan usuales en la tradición autoritaria del patriarcalismo cristiano y, sobre todo, católico. Lo que le importa es la construcción de una imagen de las instituciones educativas como anticipaciones de una sociedad de *ciudadanos* activos en la construcción y reproducción de un espacio público como medio ecológico en donde desplegar una vida democrática. Tanto en su propio presente como, sin son capaces de transmitirlo, en el de sus generaciones futuras.

Estas son, en líneas generales, las características de las democracias europeas, modernas y burguesas, anteriores a la emergencia de los medios de comunicación electrónicos a lo largo del siglo XX. Son los rasgos que J. Habermas toma como hilo conductor de sus análisis seminales de la *esfera pública*, y que tanto él como K.O. Apel transfiguran en su Teoría de la Acción Comunicativa y la Ética del Discurso, que tanto deben al pragmatismo norteamericano cuidadosamente adaptado a las tradiciones críticas europeas. Habermas ya era consciente entonces de las *distorsiones* o deformaciones que este espacio público había comenzado a experimentar a causa del cruce del poder económico con el poder mediático y ambos con el político. Fue esa consciencia la que lo llevó –y también a Apel– a idealizar el espacio público moderno, hasta imaginar una *comunidad ideal de comunicación* o *situación ideal de habla*, caracterizada por la distribución equitativa de los recursos comunicativos, lo que redunda en la simetría pragmática de los interlocutores. Todos disponen de la misma capacidad de emitir, recibir e interpretar actos comunicativos, hasta el punto de llegar a ser convencidos por el mejor argumento y, de ese modo, alcanzar un consenso racional y necesario para todos los que tomen parte en la deliberación. Esta nueva versión del *happy end* constituye el núcleo de lo que se conoce como *pragmática trascendental* (Apel) o *universal* (Habermas), o bien, Ética del Discurso, cuyo sistema nervioso es una Teoría de la Acción Comunicativa (TAC), heredera de la teoría de los *Actos de Habla*, de J. Austin.

La propuesta apeliano-habermasiana, tan exigente como compleja y problemática, es una ficción susceptible de dos lecturas. Para una de ellas no pasa de ser un instrumento crítico que permite distinguir entre consensos más o menos darwinistas o forzados, según su mayor o menor proximidad al consenso racional. Por ejemplo, un consenso democrático de uno no democrático. Para la otra, en cambio, se trata de una utopía comunicativa que repite, en clave de la pragmática lingüística, lo que Marx había imaginado en términos económicos, y Hegel, en clave idealista, heredera directa del animismo o espiritualismo de San Agustín cuando comenzó a hablar de la *ciudad de Dios* o *ciudad celeste* como distinta de la *ciudad terrestre*. Tanto Apel como Habermas hacen suya la segunda versión, cuando sostienen que la comunidad ideal de comunicación o situación ideal de habla está presupuesta en, y es anticipada, por toda situación de habla real y efectiva, por todo acto de habla o acción comunicativa.

La crítica ha sido implacable con esta propuesta, por su condición utópica, en un momento histórico, además, en el que el pensamiento utópico está más bien en declive, debido a la mala experiencia histórica con el comunismo. Pero eso no parece importar demasiado a Alex Ruiz, que hace suya la utopía comunicativa anterior, si bien de un modo difícilmente objetable. Todo lo que parece importarle es salvar el potencial de tensión entre las comunidades de comunicación reales y efectivas, y alguna posibilidad de reformarlas o transformarlas para mejor, y de convertirlas de menos en más democráticas. Si para eso es preciso apelar al lenguaje de la utopía, ¿qué problema hay en ello? ¿No sería peor renunciar a él sólo porque la utopía no esté atravesando una buena racha histórica? Al fin y al cabo de lo que parece tratarse es de la democracia como utopía o de la utopía democrática, cuyo significado se aclara un poco si distinguimos con J. Dewey entre la democracia como medio o método para afrontar en común las consecuencias de la vida social,

y la democracia como fin, objetivo o meta a perseguir siempre más allá: la democracia como forma de vida siempre perfectible.

La manera como Alex Ruiz trata el difícil núcleo utópico de la Ética del Discurso, es indicadora de cómo aborda esta ética en general y su trasfondo teórico: de la forma más inclusiva posible, cosa que logra suavizando sus perfiles más rígidos y excluyentes. La Teoría de la Acción Comunicativa no es hospitalaria con las diferencias culturales y sexuales o genéricas a las que excluye –como siempre ha hecho el liberalismo clásico– en aras de la simetría comunicativa; como tampoco lo es con la alteridad, a la que no hace sitio en el espacio de la universalidad argumentativa en el que todos los interlocutores acaban presentando el *mismo* perfil racional. En este sentido, la tardía atención de Habermas a la *inclusión del otro*, acaba en una paradoja. El imperativo epocal de las realidades migratorias y la política del reconocimiento de Ch. Taylor le llevan a aceptar dicha inclusión en el espacio de la ciudadanía política, pero *el otro* y su alteridad siguen excluidos del espacio filosófico, argumentativo y abstracto, en aras del consenso racional al que no parece dispuesto a renunciar.

Si no me equivoco, Alex Ruiz permanece atrapado en esta paradoja habermasiana. Por un lado, como seguidor de la Teoría de la Acción Comunicativa y de la Ética del Discurso, debería ser cómplice con la rigidez excluyente de ambas frente a las diferencias y particularidades incompatibles con las pretensiones universalistas de aquellas; la misma rigidez excluyente de Apel y Habermas con las corrientes filosóficas que tratan de acogerlas, como la herme-néutica, el neopragmatismo y sus derivaciones postmodernas y multiculturales.

Por otro lado, en cambio, Alex Ruiz no puede dar la espalda a esas diferencias y particularidades, a las exigencias de los otros y de

su alteridad, y trata de proporcionar una versión de la Teoría de la Acción Comunicativa lo más inclusiva posible. Si no lo hiciera, su investigación difícilmente podría hacer justicia a una realidad educativa que vive de la pluralidad y en la pluralidad, cuyas variedades y su reconocimiento no podrían quedar por fuera de una imagen de la comunicación y del discurso aplicable a las realidades educativas; por lo cual creo que el autor se ve obligado a ser generoso con la inclusividad de las teorías con las que trabaja, y no tanto con otras visiones de la comunicación (conversacionales, narrativistas, interpelativas, etc.) de las que toma aliento inclusivo y las que menciona ocasionalmente, pero cuya presencia no es muy significativa en el marco teórico de la investigación.

La Ética del Discurso fue construida sobre el supuesto de un espacio público *homogéneo*, que garantiza la simetría y la reciprocidad entre los interlocutores, como base de su convergencia en un acuerdo racional. Pero esta homogeneidad racional sólo se encuentra en un espacio imaginario que Habermas elabora a partir de su nostalgia del espacio público moderno, con la que alimenta la ficción de su utopía comunicativa. Sin embargo, fuera de la nostalgia y de la utopía habermasianas, la homogeneidad del espacio comunicativo no es más que un mito.

El espacio comunicativo real y efectivo es, más bien, un espacio postmoderno, cuyos rasgos más significativos son, por un lado, la globalización de sus redes comunicativas y, por el otro, la tensión entre la presión homogeneizadora de estas redes –la *macdonalización* del mundo– y, además, las fuerzas de la diferencia y la diversidad, productoras de heterogeneidad y asimetría, algunas de cuyas expresiones son el multiculturalismo, el feminismo y altermundismo. Las instituciones educativas no pueden sustraerse de esta tensión. Están obligadas, por su propia lógica institucional, a operar como espacios de homogeneidad comunicativa, deliberativa y argumenta-

tiva, y a proyectarse como tales en la sociedad a la que pertenecen, pero sin que la homogeneidad pueda ser absoluta ni su espacio de proyección universal. Las instituciones educativas también están obligadas a incluir toda la diversidad que genera la sociedad, local y global, lo cual las impregna de relatividad y de particularidad. Esta tensión paradójica es irresoluble para la filosofía en sus más altas exigencias de racionalidad abstracta, cuanto menos para las instituciones educativas, que han de vivir de ella y en ella. Quizá la investigación educativa sea capaz de dar cuenta de ella.

Todo lo cual me lleva a terminar con unas palabras sobre la *hermenéutica crítica*, como denomina el autor al marco teórico de su investigación. La crítica incluida en esta expresión no se cumple sólo con el hecho de que Apel y Habermas sean críticos con otras formas de pensamiento a las que consideran insuficientes, como el marxismo clásico, la hermenéutica histórica, el neopragmatismo y la postmodernidad, ni con que sus propuestas se inscriban en la *teoría crítica* de la sociedad, de sus estructuras y sus prácticas. También se lleva a cabo cuando la hermenéutica crítica haya sido, ella misma, sometida al juicio crítico de *otros*, como de hecho ha ocurrido con la Teoría de la Acción Comunicativa y con la Ética del Discurso, por parte de autores y desde posiciones diversas, como, entre otras, las de algunas feministas. Alex Ruiz no ha considerado conveniente incluirlas en este estudio, acaso porque habrían complicado excesivamente las hipótesis teóricas que utiliza en su investigación de la realidad educativa. Parece razonable. Pero ello puede producir el efecto no deseado de que la Teoría de la Acción Comunicativa aparezca como la nueva ortodoxia con sus propios profetas, a los que hay que seguir en la práctica de la escritura, aunque no es el caso de Alex Ruiz que, tanto en la Introducción como en el capítulo final de este libro, deja constancia de su independencia de juicio, que al aplicarlas en las narrativas de sus investigaciones empíricas, las hace más flexibles, lejos de su rigidez originaria.

Esta circunstancia le otorga significativo valor al presente trabajo. El valor, como dije al comienzo, de acercar teorías filosóficas abstractas y complejas a realidades más próximas, concretas y palpitantes como la educativa, y además, con el que termino, el de constituir un punto de referencia ejemplar –a imitar o del que disentir– para futuras investigaciones.

Gabriel Bello Reguera
Catedrático de Ética y Filosofía Política
de la Universidad de La Laguna
(Islas Canarias, España)

Introducción

Hace algunos años, de paso por Madrid para asistir a algunas sesiones del doctorado en humanidades de la Universidad *Carlos III*, tuve la oportunidad de disfrutar de la hospitalidad de una familia de colombianos exiliados en España desde hace ya un buen tiempo. No voy a describir, ni mucho menos, las razones que provocaron el exilio de quienes ahora son amigos muy queridos; al fin y al cabo, todos los *exilios* son terriblemente injustos (y remarco esta palabra para diferenciarla de la huida de la justicia y la enorme impunidad que acompaña el anonimato de terribles criminales fuera de los países donde deberían ser juzgados). Quiero referirme a la experiencia misma de la *hospitalidad* y al tipo especial de diálogo que allí se produce. Me siento obligado a justificar, de este modo, el título del libro. Lo haré de manera breve, para pasar, entonces, a exponer el sentido y el contenido general del trabajo.

Durante los días que estuve en Madrid fue expuesta en el Museo del Prado la obra de Edouard Manet. La espléndida colección presentada en esa ocasión, con seguridad colmó las expectativas de la mayor parte de los visitantes. Para mí tuvo el encanto adicional de ser mi primera visita al Prado. Antes de entrar a las salas de la exposición central, los curadores del museo habían dispuesto las cosas —o al menos de esta manera lo interpreté— para facilitarles a todos el encuentro con *Las Meninas* de Velásquez. La experiencia de estar frente a esta obra desborda cualquier conocimiento previo

que uno pueda tener sobre ella. Un detalle, en particular, llamó mi atención —más allá de todas las interesantes lecturas e interpretaciones que los expertos han hecho de la obra—: se trata de lo que sucede con el marco del cuadro, no tanto con el marco físico que en todo caso es sólo eso, un marco, sino con aquello que pone límite a la pintura también desde dentro de ella. Velásquez recuesta el marco del lienzo y el caballete del artista representado —que, como se sabe, se trata de él mismo— en la parte interior del marco físico que ve el espectador; y cuando uno se percata de ello y vuelve la mirada sobre el rostro del artista, siente su presencia en esa complicidad metafísica que él está proponiendo. Éste es un encuentro claramente atemporal, un auténtico diálogo en el exilio, una forma de *hospitalidad* que corroboras cada vez que te tratan con respeto y cariño; hospitalidad que sólo es posible hallar en el diálogo, en el diálogo que nos recorre y constituye, en *el diálogo que somos*. De las posibilidades del diálogo y la comunicación en el ámbito educativo, de lo que allí se hospeda, es de lo que se tratará aquí.

Este libro parte de la idea de que no sólo el filósofo, sino también y, principalmente, el maestro de ética y, en general, todo aquel que se desempeñe como *maestro de oficio*, es decir, que asume el magisterio como opción de vida y como posibilidad de desarrollo humano y social, requiere de elaboraciones teóricas para orientar su acción formativa. Y será, justamente, el criterio de unos y otros desde donde se podrá juzgar el grado de pertinencia y utilidad de lo aquí expuesto, como suele serlo en otros casos, frente a los aportes provenientes del campo de la filosofía de la educación.

Propongo pensar aquí la formación moral y política, desde una perspectiva filosófica que se sintetiza en los términos *hermenéutica crítica*. Se trata de privilegiar una forma de interpretación reconstructiva de la acción humana —contrapuesta a toda forma de positivismo y de racionalidad tecnocrática— vinculada a una crítica

social, propiamente, a una crítica ética de la situación del hombre contemporáneo y del papel que juega la escuela en la significación de sus realidades sociales. Para este propósito me apoyaré en una perspectiva crítica, normativa y universalista, representada en la Ética Discursiva.

Son varios los retos que esta propuesta nos plantea. En primer lugar, el de la *consistencia*, que nos obliga a someter la Ética Discursiva a una crítica permanente. No se trata, simplemente, de esclarecer conceptos y de articular un *corpus* teórico para leer fenómenos educativos; se trata, también, de problematizar los conceptos básicos de esta teoría, de proponer lecturas y usos alternativos de sus conceptos básicos, explicitando, finalmente, sus principales limitaciones.

En segundo lugar, se encuentra el reto de la *relevancia práctica*, que se sintetiza en los intentos por responder a preguntas tales como: ¿En qué sentido la Ética Discursiva nos permite comprender, de manera abierta, flexible y precisa, los fenómenos educativos de nuestra época, la responsabilidad moral y política que enfrentan hoy los maestros, y las exigencias que el sujeto contemporáneo y la institución escolar le plantean a la sociedad en la que vivimos?

Las teorías filosóficas como, en este caso, la de la Acción Comunicativa, de Karl-Otto Apel y Jürgen Habermas, y su propuesta de una ética discursiva, se ocupan, especialmente, del problema de la *fundamentación*: comprensión, reconstrucción, argumentación y justificación. Las prácticas pedagógicas en torno a problemáticas y procesos sociales, morales y políticos, se centran, en cambio, en el asunto de la *realización*: intervención, reproducción, actuación y transformación. Como trataré de mostrar aquí, una teoría de la educación, en clave de emancipación, propende por la significación y justificación política de la relación teoría-praxis, y por la orientación moral de las acciones formativas.

La función principal que le corresponde asumir a una teoría de la educación –pedagogía– así concebida, es hacer realidad la idea de la *comunidad crítica de comunicación*, convirtiéndola en parte esencial de la experiencia de los actores educativos y de todo sujeto que participe en procesos de interacción social. Trataré de mostrar que en los casos en los que esto es posible, se realizan, simultáneamente, tres objetivos: 1) El cumplimiento de compromisos prácticos propios de un tipo de acción orientada al entendimiento; 2) El desarrollo de una actitud crítica entre los sujetos de la educación, como interés subyacente a toda perspectiva pedagógica comprometida; y, 3) La problematización y resignificación permanente de la relación autonomía-ciudadanía.

Para los defensores de la Ética Discursiva es cada vez más necesaria una cooperación entre la filosofía y las ciencias sociales de carácter empírico, pues los resultados de las investigaciones de uno y otro campo del conocimiento se corrigen mutuamente. En este texto pretendo mostrar que es en el campo de la formación ético-política en donde estas disciplinas –filosofía y educación– confluyen de manera más atrayente y promisoria. De este modo, hago una exposición de la relación entre acción comunicativa y acción educativa, que aquí es entendida como formación ético-política; presento justificaciones a favor de una praxis pedagógica liberadora y autonómica, e interrogo prácticas y experiencias de formación ciudadana en contextos situados, especialmente, en el mundo escolar. Este libro es, por lo tanto, el resultado de una investigación de carácter filosófico, desde donde se articulan trabajos empíricos.

La Ética Discursiva, en cuanto a filosofía práctica, exige una mirada comprensiva de los fenómenos sociales que son objeto de su análisis. Ello comporta, específicamente, en este trabajo, una hermenéutica de lo socio-educativo y una pedagogía de la moral, mediante la cual la acción formativa es entendida como acción crítica

y transformadora. Lo moral es aquí un elemento constitutivo del campo de la educación y no una dimensión más que se juega en el terreno de sus prácticas.

El valor del aparato categorial de la Ética Discursiva, aplicado al campo de la educación, se encuentra, principalmente, en un tratamiento crítico y contextual de las relaciones interpersonales –intereses, relaciones de poder, aspiraciones– que allí se tejen. Más allá de los referentes históricos y sociales en, y desde, los cuales ha sido originalmente articulada esta teoría, considero que puede aportarnos invaluables elementos de interpretación y orientación de nuestras realidades educativas latinoamericanas.

Considerar la moral como fundamento de la experiencia humana, significa que la comunicación requiere una orientación hacia el entendimiento, más allá de sus usos puramente instrumentales y en confrontación, especialmente, con aquellos dirigidos a la dominación y el sometimiento de los otros. Esta orientación hacia el entendimiento se legitima, moralmente, no sólo en el plano de la comunicación interpersonal, sino también en el ámbito de las relaciones interculturales. Confluye aquí una pretensión moral basada en la significación o en la construcción de normas justas e incluyentes (Primera parte del libro), con otra pretensión política basada en la idea de una ciudadanía activa y deliberativa (Segunda parte).

En la primera parte del libro, *La urdimbre del diálogo*, centro la mirada en una hermenéutica crítica y a la vez normativa. De esta manera enfatizo en el sentido autonómico que alcanzan las normas morales cuando se las dota, al tiempo –desde una pretensión universalista–, de significado propio y de significado compartido. Éste es, a mi juicio, el lugar donde convergen la filosofía moral y el mundo de la educación.

En el primer capítulo hago una presentación de la perspectiva hermenéutica que sirve de base a la Teoría de la Acción Comunicativa y a la Ética Discursiva; preciso en qué sentido se entiende esta teoría como una teoría utópica y destaco el papel articulador de la norma, lo que Apel ha denominado *pragmática trascendental*.

En el segundo capítulo expongo la idea de la comunidad ideal de comunicación y del tipo de racionalidad que la enmarca.[1]

En el tercero, hago confluir las nociones básicas de la Ética Discursiva, en función de una teoría crítica de la educación, que se vale, entre otros, de conceptos como el de responsabilidad moral. Igualmente, revelo algunos problemas de la teoría en cuestión para pensar el asunto de la formación (ético-política) y abro una discusión sobre las posibilidades teóricas complementarias y alternativas.

En la segunda parte del libro, *El diálogo de los urdidores*, mi intención es discutir procesos de formación ético-política en la escuela, con base en trabajos de carácter empírico. De este modo, el primer capítulo es un intento por situar y responder la pregunta: ¿Qué se entiende por un enfoque constructivista de la formación política? En el segundo capítulo planteo la necesidad de pensar la formación ciudadana desde el re-establecimiento de la relación entre la esfera moral (autonomía) y la esfera política (civilidad-deliberación, responsabilidad-ciudadanía). Por su parte, la problematización de las diversas formas de entender y experimentar la convivencia en la escuela, a partir de una mirada comprensiva de las prácticas

---

1. El contenido de estos dos capítulos, en una versión más breve y sin alusiones a la experiencia formativa, se encuentra en mi trabajo titulado *El diálogo como acción comunicativa*, en: Gustavo Shujman (Coord.) *Discursos y prácticas en Filosofía*. Buenos Aires: Biblos (En prensa).

de construcción normativa en el escenario de la escuela pública en Bogotá, es el objeto del tercer capítulo.

En esta segunda parte del libro, las descripciones de ambientes y experiencias educativas concretas permiten que las discusiones amplíen sus referentes más allá de la Ética Discursiva misma. De este modo se enlazan orientaciones provenientes de la filosofía moral con teorías de la ciudadanía que si bien, en unos casos, son afines con el paradigma liberal, en otros, son marcadamente opuestas a éste.

Este recorrido marca, también, el cambio de las preferencias teóricas en mi propio proceso formativo; lo que, en buena medida, se ha resuelto con un distanciamiento del aparato conceptual de la Teoría de la Acción Comunicativa –especialmente en lo referido a las tesis del liberalismo político– y con un acercamiento consciente al republicanismo cívico. Esta transición se evidencia al abordar los temas de la segunda parte del libro, frente a los de la primera, y se explicita, de manera de crítica, en las consideraciones finales de este libro. Esto ha significado construir una mirada, en perspectiva, de la Ética Discursiva, y una fuerte valoración de sus aportes y limitaciones en campos como el de la educación. Este libro es, justamente, el resultado de este proceso.

El valor que puede tener la filosofía en el campo de la educación, reside en su capacidad de orientar acciones formativas y de proveer a los educadores y teóricos de la pedagogía, de rudimentos conceptuales y procedimentales para el análisis de su praxis, especialmente de carácter moral y político. Este propósito se distingue de aquel que es propio de las ideologías de dominación, mediante las cuales las prácticas educativas no se orientan sino que se prescriben. En los casos en los que la teoría ha tenido la audacia de prescribir la vida de todos los días y nos ha señalado indefectiblemente qué cursos de acción tenemos que seguir, nos encontramos ya en el totalita-

rismo (Heller y Fehér, 2000: 249), y allí, como hemos tenido que aprender dolorosamente, no tienen lugar ni la imaginación humana ni la razón compartida.

Quiero terminar esta presentación expresando mi agradecimiento a las personas que en distintos momentos me brindaron un apoyo decisivo para llevar a cabo este trabajo, no sin antes precisar, que los errores, en los que acaso haya incurrido, son de mi exclusiva responsabilidad.

A Guillermo Hoyos Vásquez agradezco sus aportes a este trabajo y su disposición a mantener conmigo una conversación cada vez más rica en matices sobre los asuntos aquí tratados. Por inspirar este texto en su conjunto y por su influencia permanente en mi formación personal, este libro está dedicado a él.

Siento especial gratitud con Gabriel Bello, por sus invaluables observaciones críticas a distintas versiones del manuscrito. Sus aportes resultaron fundamentales, especialmente, en los momentos de duda. Su aceptación de prologar este libro es una muestra de su inquebrantable confianza en las posibilidades del diálogo y en el valor de la otredad.

Me complace reconocer en este escrito la influencia de los trabajos de Carlos Thiebaut, así como la seña personal que imprime, en todos, su calidad humana y su disposición a la escucha y a la comunicación. Agradezco sus orientaciones y su decisión de publicar, a manera de epílogo, un texto suyo que considero de capital importancia en la comprensión actual de la relación entre ética y ciudadanía.

Marieta Quintero hizo agudas observaciones a todo el manuscrito. Algunas se integraron al documento final y otras se han

retomado en la elaboración de trabajos conjuntos y, en general, en el desarrollo del programa de investigación que juntos hemos venido construyendo en los últimos años. La revisión de recientes estudios de Mario Carretero, así como nuestro diálogo constante sobre la relación entre enseñanza de las ciencias sociales, identidad colectiva y formación ciudadana, me permitió una mejor comprensión acerca del papel del constructivismo en el entendimiento de procesos de formación política. Isabelino Siede hizo pertinentes y alentadores comentarios a la segunda parte del libro. Innumerables conversaciones con Jairo Gómez y Jaime Yáñez inspiraron buena parte de las críticas a la Ética Discursiva que aparecen en el capítulo final, en particular, las referidas a la idea de progreso moral. Alexis Pinilla y Juan Carlos Torres me animaron a articular las distintas partes del trabajo. Manuel Alejandro Prada hizo relevantes aportes conceptuales y formales a las últimas versiones del manuscrito; buena parte de la decisión final de publicar el libro se debe a su extraordinaria colaboración. Mi esposa Edna y mi hijo Pablo donaron las horas extras y fueron siempre la razón que justificó el esfuerzo. A todos, mi infinita gratitud.

Bogotá - Buenos Aires

Primera parte

La urdimbre del diálogo

Capítulo I

Hermenéutica y utopía

En las ciencias humanas o, más preciso sería decir, en la praxis de las ciencias humanas, los hombres son a la vez sujetos y objetos de la ciencia. La mediación intersubjetiva que le aporta a esta discusión un enfoque hermenéutico, genera, en principio, la posibilidad de acuerdos sobre los fines y valores que orientan la actividad del científico social.

"Es aquí donde posiblemente pueda hacérsele evidente al científico puro que un acuerdo intersubjetivo metódicamente disciplinado no puede ser substituido por métodos objetivistas de explicación de la conducta o de simulación o manipulación técnica de la misma" (Apel, 1985: 138).

En un sentido amplio, la unidad investigación-enseñanza resulta una prioridad para el enfoque hermenéutico, toda vez que representa el vínculo comunicativo entre el científico social y el educando, y la posibilidad de establecer acuerdos pedagógicos sobre la base de contenidos y conocimientos que jamás deberán ser asumidos de forma dogmática.

De este modo, mientras que un científico de las ciencias naturales sólo requiere para contrastar y validar sus hallazgos de una

comunidad de expertos a los que remite los resultados de su trabajo, para un investigador hermeneuta (educador o no), la comunidad la representa el público, la sociedad en pleno, que constituye su inspiración y sentido. En el caso del científico social, así como en el del científico natural, se presupone una comunidad crítica sobre la que se asientan los acuerdos y se explicitan los desacuerdos. La diferencia radica básicamente en que los primeros renuncian a entender la ciencia como una actividad axiológicamente neutral, mientras que los segundos no.

Si bien unos y otros reconocen acuerdos éticos presentes, en todo momento, en las diversas formas de proceder de su comunidad de investigación,[2] para los teóricos orientados desde el enfoque hermenéutico, la actividad científica implica también un compromiso político y social ineludible. De este tipo de consideración se desprenden criterios de valoración que guían los acuerdos intersubjetivos de los investigadores, lo que en definitiva permite entender la actividad investigativa de las ciencias sociales como una acción crítica. Este enfoque acepta entonces una voluntad libre, reflexiva, que reconoce a una comunidad (potencial) ilimitada de críticos y no sólo de expertos, derechos de argumentación.

---

2. Apel concede, sin mayores reservas, que esta ética se basa en el mutuo respeto entre los científicos "como sujetos autónomos que manifiestan libremente su opinión y cuyos argumentos críticos hay que tomar en serio, pero en los que también hay que comprobar si respetan los argumentos de sus colegas" (1985: 140).

1. Sobre el carácter hermenéutico de la Teoría de la Acción Comunicativa

Las acciones educativas, vistas desde una perspectiva hermenéutica, son importantes si se centran en las posibilidades de *apertura de sentido*. Este proceso sólo es posible, según Gadamer (1996), en la medida en que en un mundo de conocimientos, de conceptos extraños y lejanos, el intérprete proyecta a la vez el horizonte mundano de su propia existencia. Para Habermas la comprensión del sentido se encuentra atravesada por la experiencia comunicativa y por un interés cognoscitivo que le es subyacente; dicho interés recibe la denominación de *interés cognoscitivo práctico* (Habermas, 1985a: 158). Aquí la praxis es entendida como una comunicación e interacción política y moral relevante, y no como el resultado de una mirada axiológicamente neutral, promovida a partir de intereses particulares que en ningún caso pueden ser neutrales.

"El fenómeno de la comunicación y la interacción intersubjetivas, inmediatamente aceptado por las ciencias hermenéuticas como base y objetivo de sus operaciones cognoscitivas, este fenómeno social originario, es el que tratan de excluir en la medida de lo posible las ciencias sociales estilizadas de modo empírico–analítico (nomológico), es decir, de superarlo a favor de la relación de sujeto y objeto del conocimiento, presupuesta en las ciencias naturales" (Apel, 1985a: 131).

No obstante, las ciencias sociales *empírico-hermenéuticas* tienen tanta legitimidad epistemológica como las ciencias sociales empírico-analíticas. Las diferencias, en cambio, aunque cualitativas y de énfasis, admiten intencionalidades ideológicas distintas. Mientras que las últimas basan sus pretensiones investigativas en la descripción y en la explicación de procesos objetivados, las primeras se centran en la comprensión de los símbolos de la experiencia comunicativa, así como en el entendimiento de la naturaleza, la intención y el significado de este tipo de experiencia.

Habermas asume que el enfoque de explicación empírico-analítico (causal) se inserta en un sistema hipotético-deductivo, que hace que sus teorías se sometan permanentemente a la dinámica de la falsación, mientras que el modelo hermenéutico (comprensión racional-teleológica) tiene como criterio autocrítico la aplicabilidad o inaplicabilidad de sus concepciones, bajo una orientación racional basada en la búsqueda de pertinencia. Este es, obviamente, un criterio débil, pero a la vez la única manera de hacer depender la comprensión de los fenómenos sociales de la interacción comunicativa que se da al interior de dichos fenómenos.

La perspectiva empírico-analítica pretende proporcionar una descripción objetiva de la realidad, que se expresa a través de argumentos deductivos-demostrativos. Pero, la demostración, al menos como criterio racional, es algo que comparte con el enfoque hermenéutico, sólo que en este caso los recursos persuasivos son otros.

"[...] es precisamente la conciencia radical de su carácter interpretativo, y no descriptivo ni objetivo, lo que le garantiza a la hermenéutica una posibilidad de justificarse racionalmente [...] La racionalidad a la que tenemos acceso consiste en que, estando implicados en un proceso siempre, ya sabemos, en cierta medida, a dónde vamos y cómo debemos ir allí. Pero para orientarnos necesitamos reconstruir e interpretar el proceso de la manera más completa y persuasiva posible" (Vattimo, 1994: 156, 158).

Habermas caracteriza la posición de los científicos de corte empírico-analítico, como la de aquellos que se limitan a *decir cómo son las cosas* —posición objetivadora—, comparándola con la de los

intérpretes (entre los que él se cuenta), quienes se esfuerzan por *comprender aquello que se les dice* –posición performativa– (2000: 39). Esta dualidad de pretensiones inclina el análisis a favor de la opción que, en principio, se aleja menos de las necesidades del sujeto, le permite su reconocimiento y le genera un espacio para su autoconstrucción. De este modo, la vía hermenéutica representa una manera de plegarse a la subjetividad y a la intersubjetividad, basándose en sus propios criterios de racionalidad. Dado que, como se ha visto, tales criterios no son exactamente los mismos que los de la perspectiva empírico-analítica, será necesario explicitar su talante específico.

La crítica de Habermas y de Apel al proceder de la ciencia en sentido empírico-analítico, a la exclusión de otros tipos de racionalidad distintos al que se construye en torno a pretensiones de verdad, les permite aducir razones de tipo epistemológico a partir de las cuales se declara que la hermenéutica no representa, ni mucho menos, una forma soterrada de irracionalismo.

"En la vida cotidiana solemos estar (o no estar) de acuerdo con mucha más frecuencia sobre la rectitud de acciones y normas, la adecuación de valoraciones y pautas, la autenticidad u honestidad de una autorretrato, que sobre la veracidad de las proposiciones. Por esta razón el conocimiento de que hacemos uso cuando decimos algo a alguien es más comprensivo que el conocimiento estrictamente proposicional o relativo a la verdad" (Habermas, 2000: 39-40).

De este modo, se ponen de manifiesto dos implicaciones intrínsecas a la postura hermenéutica:

1. Para los intérpretes la perspectiva *objetivadora* no es ni posible ni viable, ya que estos se reconocen a sí mismos como involucrados

en la validez de las observaciones y en el sentido (significado) que se les atribuye.

2. Los intérpretes asumen una actitud realizadora (performativa), lo que los conduce a enfrentarse al problema de la dependencia contextual de sus interpretaciones.

Sin embargo, estar inmiscuido en un proceso de comprensión, haciendo parte de la realidad analizada, no le impide necesariamente al sujeto asumir el rol parcial de observador. Tomemos como ejemplo el análisis de un texto. Si un intérprete no comprende en una primera lectura un texto en el contexto al que éste pertenece, es posible que, luego de un determinado tiempo y de una lectura más cuidadosa, por decir algo, éste se pueda percatar de su errónea primera interpretación.

Una cabal interpretación implica acercarse a determinados criterios, que para el caso podrían ser los verdaderos motivos del autor, sus vivencias, el plano valorativo y normativo que determinaba sus juicios y formas de interacción. Si esto ocurre, entonces nuestro intérprete imaginario podrá desvelar el contenido semántico del texto. Ahora bien, tales criterios, si se valoran adecuadamente, podrán ser comprendidos y servirán de orientaciones para aclarar las ambigüedades del texto y acceder a sus partes 'oscuras'. Este proceso de reconstrucción no puede ser entendido de manera distinta al de una reconstrucción racional, con una validez tentativa, en la que el error no sólo tiene cabida, sino que además es utilizado como punto de partida hacia procesos comprensivos más depurados.[3]

---

3. Un tratamiento más detallado de la comparación entre las dos formas de racionalidad descritas se encuentra en mi trabajo: *Hermenéutica y teoría científica: de las diversas expresiones de la racionalidad* (1999: 69-77).

Volviendo a nuestra distinción central, mientras que en el enfoque empírico-analítico (nomológico) de las ciencias sociales los esfuerzos se encaminan a la preparación del objeto-sujeto de estudio, haciendo en lo posible abstracción del sujeto que conoce, bajo la perspectiva de la *búsqueda de neutralidad valorativa*, en el enfoque empírico-hermenéutico la abstracción del sujeto cognoscente no se considera posible, desde el punto de vista práctico, dado que el conocimiento producido depende de la interacción entre el sujeto investigador, el (los) sujeto(s) y el contexto investigado.

Esta peculiaridad, que no es otra que la de permear la construcción teórica de la dinámica del intercambio de información y de la perspectivas de mundo, es justamente la que permite entender en este enfoque una pretensión epistemológica distinta a la de las ciencias naturales, a partir de la cual las ciencias sociales son consideradas ciencias blandas, esto es, flexibles, dependientes de las complejas dinámicas comunicativas humanas, en síntesis, como ciencias de la discusión.[4] De este modo, "La objetivación empírico-analítica y la manipulación técnica de la conducta humana queda aquí, por decirlo así, cubierta y atenuada por un acuerdo social hermenéutico" (Apel, 1985: 121 y s.s.). Pero, la actividad científica, cualquiera que sea el enfoque que la guíe, debe equiparse de criterios morales para su autorregulación y no sólo de criterios epistemológicos, que, en buena medida, se basan en las posibilidades del pensamiento crítico.

---

4. Al respecto véase el trabajo de Guillermo Hoyos V. y Germán Vargas G (1996).

2. El principio de responsabilidad y la justificación práctica de una *utopía necesaria*

A la concepción ética general que defienden Apel y Habermas (TAC) se le ha acusado en repetidas ocasiones de ser una aproximación demasiado utópica para el 'tratamiento' de los problemas de la realidad moral práctica, en otras palabras, de estar demasiado alejada de las necesidades de las personas de carne y hueso y de las comunidades concretas. En el caso particular de Apel, estas acusaciones parecieran remitirse específicamente a su permanente apelación a la *comunidad ideal de comunicación* y a su no menos esencial preocupación por dar cuenta, casi de modo exclusivo, del problema de la fundamentación de una moral discursiva-consensual.

Sin embargo, el sentido del término *utopía* no parece estar aún lo suficientemente dilucidado; por tal razón, vale la pena intentar una caracterización general del concepto, mediante la cual se pueda precisar, en primer lugar, los motivos y razones a los que generalmente se apela desde una postura anti-utópica y, en segundo lugar, presentar los argumentos más relevantes que sirven de apoyo a la distinción entre formas de utopía *legítimo-prácticas* y formas de utopía *irrelevantes*; distinción realizada en el seno mismo de la TAC.[5]

---

5. Véase, principalmente, el numeral titulado *La ética de la comunidad ideal de comunicación* como justificación parcial de la intención utópica y el postulado de una crítica de la razón utópica en K-O. Apel (1986: p. 196 y s.s.). Aunque la discusión que adelanta Apel aquí sobre la necesidad de convertir una comunidad ideal e ilimitada de comunicación en una comunidad de argumentadores, puesta en vigor frente a las peculiaridades del presente, no se apela a ningún ejemplo empírico, en particular, ni se hace depender dicho proceso de algún tipo de mediación educativa, considero que hacerlo no desvirtúa de ninguna manera su postura y, por otra parte, ofrece elementos importantes a nuestra exposición.

La pregunta, ¿es una utopía la ética de la comunidad ideal de comunicación?, tiene aquí una respuesta positiva si se apela a una condición humana mediante la cual se proyectan buena parte de las acciones e intencionalidades del hombre hacia la mejora de las condiciones que afectan o determinan su vida en sociedad. Pero, primero es necesario presentar una distinción genérica del término utopía, para presentar a continuación los pormenores de la *apuesta utópica* de la visión discursiva-consensual apeliana y habermasiana. Sólo de esta manera se podrá hacer una crítica justificada, no sólo al significado e importancia conceptual que alcanza tal término en la TAC, sino a sus posibilidades y limitaciones prácticas en lo que respecta a una concepción así orientada de la educación.

Tal distinción no transparenta, ni mucho menos, una postura maniqueísta entre acepciones contrarias y excluyentes de este concepto. Se entiende como *sentido irrelevante y superado de utopía*, la consecuencia de una interpretación –si se quiere historicista– de algunos procesos sociales guiados por criterios y pautas normativas construidas al margen de un *principio de responsabilidad*. De este modo, se justifica una crítica al concepto de utopía que encuentra en la tradición socialista una pretensión totalitaria de planificación y orden, a partir de la idea de que por esta vía es posible alcanzar una vida socializada en la que todo se encuentra en interdependencia con todo, pasando, de considerarse necesario, por encima de la individualidad y de las proyecciones de las personas –en buena medida, fuente de las diferencias–. En esta acepción del término utopía se hacen indistinguibles, en un plan unitario, las esferas pública y privada. Pero también se justifica la crítica –en un sentido similar, que no por ello desposeída de notorias diferencias– a la alternativa del *sueño americano (American dream)*, basado en la ficción contrafáctica de un hombre perfectamente autoconstruido y realizado sin apelación a algún tipo de consideración social, antes

bien, anteponiéndose y superando todo obstáculo y adversidad proveniente de allí.

La apelación al principio de responsabilidad permite, a la luz de una de postura ética fundamentable racionalmente, la creación de criterios de demarcación entre una *utopía totalitaria* y una *utopía necesaria*.

Toda crítica actual del 'utopismo' se centra en el estudio analítico de la expresión literaria-ficcional, y quizás menos en la representación y posible existencia, en el futuro, de un mundo hipotético en el que sean resueltos los problemas y necesidades más importantes de la raza humana. Aunque las posturas que someten al análisis a este tipo de versión de la utopía representan, en buena medida, al mundo académico de la crítica literaria, quizás el fundamento de su hacer se centra en una mirada rigurosa sobre la calidad literaria de los textos, con base en criterios construidos desde esta misma disciplina. Con independencia de si los autores de las utopías ficcionales abrigan o no la esperanza o el temor de que en el futuro se cumplan sus vaticinios, al crítico literario le interesa dirigir su atención hacia la estructura general del texto, a su coherencia expositiva, a su valor estético y metafórico, más que a las probabilidades que la trama narrativa tendría –desde el punto de vista fáctico– de convertirse en realidad, o a las implicaciones filosófico-prácticas para el mundo de todos los días.

Obviando estas implicaciones puramente formales, que no nos interesa someter a análisis, la reflexión sobre los criterios de demarcación entre una *utopía totalitaria* y una *utopía necesaria* deberá, por ahora, centrarse en la calidad y coherencia de los argumentos que se esgrimen a favor de una acepción *filosófica, ético-política* de la utopía, como la que nos presentan Apel y Habermas. Se entiende aquí por *utopía totalitaria* una visión teórica que, por sus principios

filosóficos o por sus procedimientos prácticos, pueda conducir a consecuencias nocivas, cuando no destructivas –casi siempre previsibles– para el individuo y para la sociedad, auque paradójicamente quiera proyectar justamente lo contrario.

Los argumentos que presenta Apel son una apuesta por la fundamentación de una Ética Discursiva, apoyada en la aplicación de criterios de validez. Se trata de una perspectiva que no tiene pretensiones explícitas de anticipar algo así como "un mundo feliz", aunque, por supuesto, a este respecto no es ni mucho menos una concepción inocua: siempre será mejor vivir en un mundo en el que el entendimiento mutuo entre los hombres sea el resultado de una comunicación orientada racional y éticamente, que vivir en una realidad social manipulada y controlada desde una racionalidad estratégica basada en la imposición del criterio de unos pocos. En ese sentido la TAC representaría una *utopía necesaria*. Ahora bien, cómo validar filosóficamente y cómo fundamentar pragmáticamente (a través de procedimientos justificados racionalmente) una concepción de esta índole, es justamente la tarea que emprende Apel en su *fundamentación pragmático-trascendental* de la Ética Discursiva.

Una de las preguntas que permite acercarse comprensivamente a la TAC es: ¿en qué sentido es ésta una filosofía práctica? Aunque esta pregunta no podrá ser contestada de modo definitivo apelándose a simples definiciones, quizás lo dicho a continuación pueda ofrecer algunas pistas para responderla. Ayuda mucho a este propósito, tematizar el sentido práctico desde el cual se asume a la TAC como una utopía necesaria.

La polémica que abrió, en su momento, la Escuela de Francfort contra el positivismo y sus múltiples formas de expresión se dirigió a ofrecer argumentos en contra de los defensores del 'objetivismo' en las ciencias, especialmente en contra de la determinación de intereses

científico-tecnológicos basados en la explicación y la predicción de los sucesos sociales como la única alternativa posible y válida para la generación de conocimientos. La crítica se centró en las implicaciones ideológicas que para la sociedad tendría la aplicación del modelo *causalístico* de las ciencias naturales en las ciencias sociales, esto es, el estudio de todo tipo de fenómenos sociales desde una supuesta *unidad metodológica objetivista*. De este modo, la Teoría Crítica, entendiendo las ciencias sociales como ciencias histórico-reconstructivas, ponía en cuestión el programa técnico-cientificista, denunciando su intención prescriptivista y reduccionista de las realidades sociales.

Las implicaciones ideológicas destacadas por la Teoría Crítica sobre el modelo causal –monológico– de comprensión de la realidad, se encontraban y se encuentran aún hoy en lo que el mismo Apel ha denominado "continuación lineal de la utopía científico-tecnológica del dominio del hombre sobre la naturaleza, a través de la utopía tecnocrática del dominio del hombre sobre la sociedad humana como cuasi-naturaleza" (1986: 186), la cual se basa en el diseño y reproducción de condiciones sociales, políticas y económicas que permiten ejercer el control del comportamiento humano y la proyección hacia futuro del dominio sobre sus manifestaciones, intereses y necesidades más gruesas.

Es en ese sentido que una radical positivización de las ciencias y de toda forma posible de conocimiento llega a convertirse en una utopía totalitaria, expresable además en la forma de una gestión tecnocrática para la cual los actos humanos son más fácilmente 'administrables' si se rutinizan, si se automatizan. La seducción facilista que este sueño de control ejerce en la estructura dominante, sólo logra ser contrarrestada bajo la forma de la comunicación e interacción, en tanto alternativa que permite poner en primer plano los derechos de co-gestión política de los individuos. De este modo,

ante la inminencia de una 'técnica social reduccionista' surge la alternativa crítica de la impugnación, primero, y del reconocimiento de las diferencias, después.

El problema de la ética pasa a un primer plano cuando la filosofía se ocupa de reconstruir críticamente, partiendo de consideraciones de tipo práctico, la historia social. La idea directriz aquí es la de generar una *comunicación libre de dominación*, a partir de la cual y a través de la fuerza del argumento –de su autoridad– en el discurso –fuerza obviamente no coactiva–, es como es posible la formación del consenso (Habermas, 1985a; 1985b; 1999 y 2002). Se propone así la *comunidad ideal de comunicación* como alternativa social –y no sólo filosófica-racional– y plausible a las utopías totalitarias, esto es, como *utopía necesaria*. Apel describe ese origen en los siguientes términos:

"Bajo la creciente influencia de Jürgen Habermas, comenzó entonces la 'Teoría crítica', siguiendo la tradición hermenéutica y el 'pragmatic turn' de la filosofía analítica, a considerar la posibilidad de una fundamentación normativa dialógica y teórico-comunicativa de las ciencias sociales reconstructivas y –lo que es mucho más difícil– de la organización democrática de la praxis social. Y en ese contexto se desarrolló por parte de Habermas y también por el autor de este estudio, la concepción de una ética de la 'situación ideal del discurso', es decir, de la 'comunidad ideal de comunicación'" (Apel, 1989: 191).[6]

---

6. La influencia mutua y la convergencia de las ideas básicas de estos dos filósofos alemanes –sobre las cuales se soporta la TAC– ha sido destacada también por Habermas sin mayores reservas: "[…] entre los filósofos vivos, ninguno ha determinado la dirección de mi pensamiento de un modo tan persistente como K-O. Apel" (1985: 7).

3. La *norma ética necesaria* como 'principio puente' entre la fundamentación y la realización

Si una concepción ética, como la aquí tratada, es entendida como *utopía social necesaria*, se requiere, por lo tanto, al menos una norma ética que la fundamente y justifique; denominaré a este tipo de prescripción moral como *norma ética necesaria*, la cual se plantea independiente de todo tipo de experiencia contingente con un "valor de uso" que bien puede expresarse en los siguientes términos: *cualquiera que esté en condiciones de argumentar, la debe reconocer.* La validez de una norma concebida de este modo, cumple simultáneamente dos funciones prácticas:

Permitir la reconstrucción hermenéutica y crítica de las condiciones históricas y las experiencias particulares de los sujetos argumentadores, y servir de fundamento a las normas situacionales concretas que emanen de los procesos de argumentación.

Esta especie de "metanorma", aunque tiene un gran contenido abstracto, se realiza pragmáticamente, esto es, en la experiencia cotidiana, propiciando la búsqueda de consensos con base en los argumentos de los interlocutores de turno, lo que la convierte en criterio para la regulación de las normas situacionales —es decir, de las normas que son producto de acuerdos específicos, en situaciones específicas—. La necesidad de esta "norma fundamental" se define por el hecho de que todo argumentante, por el sólo hecho de argumentar ante cualquier tipo de situación, o por ser potencialmente alguien con capacidad de argüir razones, de desplegar un discurso, de comunicar intenciones, intereses y necesidades, se halla ante la ineludible exigencia de reconocerla.

De este modo, las argumentaciones o, mejor sería decir aquí, el discurso argumentativo, se convierte en la base para la legitimación de toda norma situacional. La *norma ética necesaria* se descubre y las normas situacionales se construyen solamente reconociendo de antemano una estructura de comunicación que las soporta. Este soporte es, por lo demás, condición de posibilidad de todo principio de acuerdo, en otros términos, es a la vez fundamento y consecuencia de la interacción humana, y criterio de orientación práctica de todo posible disenso o consenso.

A esto que podría considerarse como las *condiciones normativas de la argumentación*, es justamente a lo que Apel hace referencia cuando define su postura ética como pragmático-trascendental. Mientras lo *trascendental* se define por un plano normativo que se encuentra más allá de las circunstancias situacionales, esto es, que tendría una justeza y una legitimidad universal, lo *pragmático* representa las condiciones lingüístico-argumentativas manifiestas en el mundo de todos los días, en el que más allá de la posibilidad de expresar o no verdades proposicionales, las personas comunican los significados de su acción, sus sentimientos, intenciones y anhelos.

Con lo pragmático se alude aquí a los diversos usos del lenguaje y a la necesidad que tiene el filósofo moral de conocer los significados moralmente deducibles de dichos usos. El lenguaje soporta, entonces, una intelección o saber moral. Tales, llamémoslos, *conocimientos éticos* adquieren su valor o significado por estar ajustados a normas morales específicas. La *pragmática* permite entender que el lenguaje moral, además de ser convencional y prescriptito, es *acción*. Dar cuenta del significado del lenguaje, particularmente de su significado moral, como parte de una teoría de la acción, equivale a disolver la dicotomía entre el estudio de la semántica, reducido a los significados aislados del uso, y la teoría de los actos realizativos del lenguaje.

En sus estudios sobre el significado del lenguaje, Austin (1961) había desplazado el estudio del lenguaje referido, casi exclusivamente, al uso de oraciones declarativas, esto es, aquellas que representan la verdad o la falsedad de los enunciados –lenguaje de la ciencia–, por un análisis centrado en actos comunicativos, a partir de los cuales se interpretan los enunciados proferidos por los hablantes en contextos de uso y se hace conciencia de la enorme ambigüedad de las palabras como herramientas de acción y significación.

La pragmática estudia, entonces, las maneras como *producimos significado* a través de actos de habla. Los efectos de la intencionalidad discursiva radican en el conocimiento que alcanzamos a través del uso de los enunciados que proferimos. De esta manera, el uso de un enunciado es expresión de una actividad o forma de vida (Witgenstein 1988). En términos éticos, los actos lingüísticos, además de comunicar sentido, imprimen fuerza moral a lo que decimos. En situaciones de habla, en el mundo cotidiano, compartimos con otros una vida –ética– cargada de distintos contenidos morales. Pues bien, justamente es allí, en el ámbito de lo cotidiano, en el que una filosofía que se dice práctica tiene mucho que decir, sobre todo en lo atinente a la orientación de decisiones y acciones concretas.

Es común que una filosofía académica privilegie en un primer momento el asunto de la fundamentación, especialmente para hacerle frente a visiones teóricas sobre el mundo social, que son ambiguas, unilaterales y cerradas. Sin embargo, para una perspectiva como la que aquí estamos presentando, resulta de vital importancia un segundo momento, centrado en el análisis y la búsqueda de alternativas a las problemáticas concretas generadas en las dinámicas reales de interacción de los sujetos y colectivos que constituyen su sustrato socio-cultural. De este modo, esta perspectiva ética, siguiendo a Matthias Kettner (1999: 82-86), fundamenta esencialmente dos tipos de compromiso:

Nuestro compromiso en la regulación de conflictos de intereses (es decir, todos los conflictos posibles con relación a la satisfacción de necesidades humanas), tanto como sea posible, por medio de normas morales válidas o que podamos reconocer como válidas (en lugar de formas de violencia);

Nuestro compromiso con el conocimiento de procedimientos que hagan posible el cumplimiento de normas convalidadas comunicativamente (socialmente), o su eventual derogación cuando la estructura y la dinámica social –dialogal– así lo conduzcan. Este es, justamente, el carácter dual de la ética discursiva, a saber: *regulativo* y *procedimental.* Ello supone que entre el lenguaje y la ética, o más específicamente en este contexto de discusión, entre la comunicación humana y las normas morales, subyace una íntima e inevitable relación:

"De hecho la praxis misma del discurso argumentativo contiene ya presupuestos normativos que ninguno que pregunte por respuestas fundamentales puede rechazar: quien busca buenas razones (a favor o en contra de una determinada convicción o modo de acción), ha reconocido en su hacer, virtual e interminablemente, otros seres capacitados para el discurso como miembros con los mismos derechos de una sociedad abierta de interlocutores de la argumentación. Esto es el vínculo social de la razón comunicativa" (Kettner, 1999: 85).

De este modo, la Ética Discursiva pretende superar una visión academicista orientada exclusivamente al problema de la fundamentación última, dirigiendo su campo de interés hacia la superación de las consecuencias nocivas, a nivel mundial, de la ciencia, la tecnología y la política en sentido totalitario, a través de una ética de la responsabilidad de validez universal y aplicación práctica. (Apel, 1995a: 108-125).

Capítulo II

Comunidades de sentido
y racionalidad comunicativa

Habermas destaca la importancia de la presencia de Peirce en la propuesta global de la Teoría de la Acción Comunicativa, sobre todo en la intención de llevar a cabo una transformación semiótica de la filosofía kantiana. La filosofía de la conciencia, hasta Kant, se caracterizaba por el establecimiento de la relación sujeto-objeto en términos de representación, si bien el objeto es lo representable, la conciencia (el mundo subjetivo) es aquello que lleva a cabo la representación.[7]

El giro pragmático de Peirce consiste, entonces, en convertir la conciencia misma en objeto de reflexión y crítica (autoconciencia),

---

7. De esta manera se relieva la crítica que hace Peirce a la perspectiva kantiana de la "cosa en sí", a las falencias de un fenomenismo que "al concebir el pensamiento representativo conforme al modelo del espejo, sucumbe a la tentación de suponer una realidad oculta tras los fenómenos: al igual que el espejo, también la realidad habría de tener un reverso que escapa a lo que en el espejo queda reflejado. Efectivamente, la realidad impone a nuestro conocimiento restricciones, pero sólo en la forma de que desmiente falsas opiniones tan pronto como nuestras interpretaciones fracasan al hacerle frente. Pero de ello no se sigue que la realidad pudiera por principio escapar a mejores representaciones" (Habermas, 1996: 45).

replanteando, a la vez, el esquema dual de la relación sujeto-objeto por un sistema triádico de representación mediada por signos lingüísticos. "Con ello parece como si la perspectiva *psicológica* sólo quedase sustituida de entrada por una perspectiva *semántica;* el lugar de la relación sujeto-objeto lo ocupa la relación entre lenguaje y mundo" (Habermas, 1996: 43-44).

Sistema triádico de representación, según Peirce

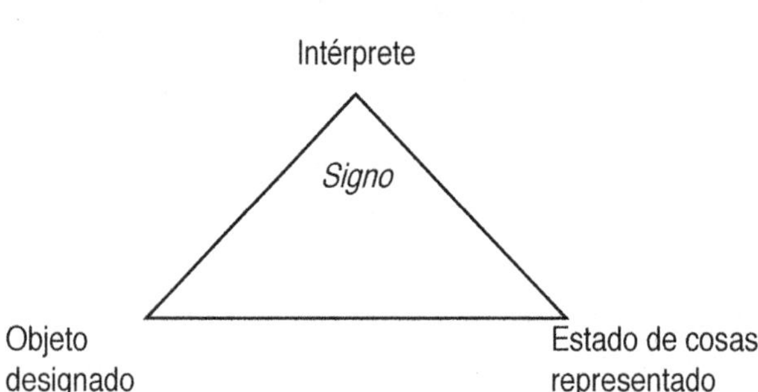

Esta crítica de Peirce al paradigma de la filosofía de la conciencia resulta de suma importancia para la ética discursiva. Aunque la discusión, hasta aquí, gira en torno a un asunto de raigambre epistemológica, las consecuencias que de allí se desprenden son de gran relevancia para la filosofía práctica. En el paradigma puesto en cuestión, la verdad de un juicio dependía de la certeza del sujeto en sus supuestas representaciones objetivas del mundo. Habermas sintetiza de la siguiente manera, la nueva visión del conocimiento introducida por Peirce:

"Tras el giro pragmático, la verdad de un signo proposicional necesita demostrarse por la referencia de ese signo al objeto y ello a la vez mediante razones que pueden ser aceptados por una co-

munidad de interpretación. En el nuevo paradigma, pues, el papel del sujeto no lo asume per se el lenguaje, sino la comunicación mediada por argumentos de quienes se ponen a hablar entre sí para entenderse sobre algo en el mundo. El sitio de la subjetividad pasa a ocuparlo una praxis intersubjetiva de entendimiento que genera de por sí secuencias infinitas de signos e interpretaciones" (Habermas, 1996: 44).

1. ¿Qué significa una comunidad ideal de comunicación?

Los conceptos semióticos de verdad y realidad de Peirce no pueden ser entendidos si no es en el contexto de una *comunidad de investigadores* que opera bajo *condiciones ideales*. Este es el presupuesto fundamental de una semiótica que, centrada en la intersubjetividad, pretende trascender las limitaciones comunicativas de las comunidades particulares.

Los límites de la realidad (o en términos de Wittgenstein: los límites del mundo) están definidos por el lenguaje y la argumentación.[8] La superación de la dualidad sujeto-objeto en la constitución del conocimiento es la resultante de la convicción peirciana de que *la realidad no se agota en la existencia*. Es tan real (aunque de una manera distinta) el diálogo llevado a cabo desprevenidamente por dos personas e, incluso, buena parte del contenido del mismo, como puede serlo el árbol que da sombra a los dialogantes o la montaña que en su cima define los límites de nuestra mirada al horizonte y

---

8. Habermas extrae de esta perspectiva una conclusión que no podría ser más apropiada para la Teoría de la Acción Comunicativa: "Si los límites de la semiosis significan los límites del mundo, entonces el sistema de los signos y la comunicación entre los usuarios de signos, pasan a ocupar, por así decir, una posición trascendental" (1996: 54).

que hemos aprendido a creer que siempre ha estado allí. La argumentación es realidad y trascendencia, es un acontecimiento del mundo y condición de posibilidad; su aceptabilidad racional debe, por lo tanto, desbordar un espacio social concreto y un tiempo histórico determinado; por ello, el criterio fundamental de su validez, Peirce la hace depender de las condiciones de comunicación realizadas por una comunidad ideal de investigadores.[9]

Pero quizás sea Apel quien mayormente avizora los alcances de esta perspectiva:

"Como ocurre forzosamente en toda transformación pragmático-lingüística de la filosofía trascendental de la conciencia o del sujeto, por primera vez en Peirce, la *comunidad de los intérpretes de los signos* toma el puesto del solipsismo trascendental del sujeto del conocimiento [...]. Aquí, es decir, con más exactitud, en la prueba reflexiva de que cuando se argumenta en serio tenemos que suponer de hecho e, incluso, anticipar contrafácticamente este posible consenso ideal, me parece que se puede atisbar la base no contingente para una fundamentación de la teoría de la verdad y de la ética normativa" (1999: 18).[10]

---

9. En palabras del propio Peirce: "Lo real, por tanto, es aquello en lo que, más temprano o más tarde, la información y el razonamiento acabarán en definitiva resultando, y, que, por tanto, es independiente de las veleidades tuyas o mías. Por tanto, el origen mismo del concepto de realidad muestra que este concepto implica esencialmente la noción de una comunidad sin límites definidos y capaz de un indefinido aumento del conocimiento" (Peirce, 1883, paragr. 5.311) –*Collected Pepers*- citado por Habermas, 1996: 51). "[...] significe lo que signifique un término como "lo real", será siempre cognoscible en un cierto grado, y pertenecerá así a la naturaleza del conocimiento en el sentido objetivo del término" (Peirce 1883, citado por Apel, 1997: 49-50).

10. Habermas reconoce en esta idea peirciana el punto de partida para una ética del discurso como recurso metodológico que le permite a Apel extraer importantes consecuencias prácticas: "Con un giro característico habla Apel del `entendimiento

La idea de *la comunidad de comunicación ilimitada e ideal* es claramente la apelación a una condición contrafáctica, al supuesto que surge al asumirse la presencia de condiciones ideales del discurso y de la comunicación humana. En otras palabras, todas las comunidades concretas se encuentran determinadas por los intereses particulares de sus agentes sociales. Una manera de superar estos intereses localizados y de darle validez a la argumentación, más allá del contexto específico en el que ésta se despliega, ha de ser *anticipando* la hipotética presencia de múltiples comunidades, diversos actores y pluralidad de perspectivas, para quienes también apliquen las razones esgrimidas ante comunidades reales; de lo contrario, estaríamos atrapados en una especie de determinismo contextual-comunitario. En esto reside el carácter universal de la propuesta.[11]

Quienes nos concibimos como investigadores sociales, tomemos por caso un grupo de investigadores en educación que desea estudiar problemáticas morales vividas dentro de un programa de formación de docentes; se asumen como parte de un equipo de investigadores especializados (o en formación) en dicha temática, presuponiendo

---

intersubjetivo como mediación de la tradición de una comunidad ilimitada de interpretación'. Entendimiento que asume el lugar del sujeto trascendental (...)". A ello le conduce la cuestión de cómo el contenido normativo de aquellas reflexiones gnoseológicas, que Peirce desarrolló basándose en el modelo de la comunidad de investigadores, pueden ser fecundas para la comunidad de comunicación de los ciudadanos. Se trata de "considerar a la sociedad real misma, que es sujeto de las necesidades y los intereses materiales, como sujeto ideal normativo de conocimiento y de la argumentación al mismo tiempo" (Habermas, 1999: 22).

11. "En este postulado, de la comunidad no particular, se basa, por así decirlo, la dimensión de una *transformación trascendental –semiótica o trascendental-pragmática–* de la filosofía trascendental kantiana, de su concepto de razón teórica y práctica. Se podría hablar de un *comunitarismo trascendental* o de una filosofía trascendental de la intersubjetividad, en el sentido de una reciprocidad estrictamente generalizada" (Apel, 1994: 23).

la hipotética existencia de una *comunidad ideal de investigadores* a la cual dirigirán los resultados de su estudio y a la cual también tratarán de persuadir sobre la importancia de sus hallazgos.

Ahora bien, asumamos que por la especificidad del tema no existe propiamente aún una comunidad científica especializada que esté en condiciones de establecer con nuestros investigadores una profunda y productiva interlocución; no obstante, estos deberán dirigir su atención y esfuerzos al establecimiento de un diálogo productivo con un público potencial (al cual podrían incluso formar o instruir), que representará, de igual manera, su *comunidad ideal de comunicación*.

Pues bien, ante este amplio o estrecho grupo de personas (según sea el caso), nuestros investigadores, denominémoslos *argumentadores convocantes*, no sólo expresan sus pretensiones, calculan sus reacciones y comunican los resultados y el sentido de su trabajo investigativo –dinámica ésta fácilmente orientable desde una racionalidad estratégica–, sino que, esencialmente, deberán considerarlos como interlocutores válidos. En muy buena medida, es esto lo que define el carácter público de toda investigación y, en general, del conocimiento. Por esta razón, de manera intencional, rutinaria o incluso accidental, los 'argumentadores convocantes' deben anticipar unas condiciones ideales de comunicación, con base en la esperanza de alcanzar un consenso frente al proceso y los hallazgos de sus estudios, cualquiera sean los resultados de los mismos.

Esta *racionalidad comunicativa* se basa, como se señaló arriba, en una anticipación contrafáctica de las condiciones de comunicación. En consecuencia, el consenso sólo es posible como el resultado de una proyección de intereses intrínsecamente morales. El consenso, en síntesis, depende de este tipo de anticipación:

"Porque a través de ella se presenta un *telos* normativamente fundamentado para el proceso de reconstruir, y este *telos* no se identifica con la realidad de las condiciones sociales actuales, sino con las circunstancias a que cada comunidad argumentante aspira [...] De este modo, se establece un ideal éticamente relevante para todo miembro de la 'comunidad de investigadores'; pues la idea del carácter fundamentalmente social del conocimiento posible de lo real, fuerza a la solidaridad ética entre los investigadores particulares y la comunidad, pues sólo en ella puede alcanzarse el fin de la investigación" (Apel, 1997: 149-150).

Las *comunidades ideales de comunicación* o bien se descubren o bien se construyen, pero siempre se presuponen, de lo contrario la actividad investigativa, siguiendo el ejemplo que hemos venido presentando, no tendría la mínima relevancia científica y ningún sentido moral y social.

Si por el contrario, asumimos de entrada que no vale la pena entrar a razonar con otros o que es superfluo jugársela en favor de la construcción de acuerdos mínimos, por ejemplo, frente al quehacer investigativo mismo, o frente a la utilidad o no de los resultados de un proyecto de investigación, no podremos tampoco reconocernos como parte de una comunidad de sentido, y siendo más drásticos, no podemos asumirnos como parte de ningún tipo de comunidad, ni siquiera de la más primaria. No está de más señalar que las *comunidades ideales de comunicación* son un punto de referencia importante, un modelo para la orientación comunicativa y moral de acciones colectivas, pero nunca una garantía definitiva para la resolución de problemas, ni cotidianos, ni científicos.

Volviendo a nuestro ejemplo, la actividad investigativa en educación, en este caso, se inserta en *comunidades reales de comunicación*, las cuales tienen sus propias dinámicas, generadas por actores de

carne y hueso, que a su vez poseen sus propias expectativas, movilizan sus intereses, hacen o no manifiestas sus pretensiones; pero, incluso, en este tipo de comunidades resulta definitivo –dada la finalidad última presupuesta de encaminar esfuerzos en favor de la formación del ser humano– la posibilidad de la autosuperación. En otras palabras, toda comunidad es susceptible de mejorar, de autorregularse y de autocorregirse. Y aunque no siempre esto se logre, en la mente de los actores sociales, de las personas que conforman las comunidades concretas, siempre está la idea de poder hacer mejor lo que hacen y de que lo que hacen los otros les permita enriquecer sus conocimientos y experiencias; es en ese sentido que las *comunidades reales de comunicación* se piensan a sí mismas como *comunidades ideales de comunicación*.[12]

"Ciertamente, quien argumenta presupone ya siempre simultáneamente dos cosas: en primer lugar, una *comunidad real de comunicación*, de la que se ha convertido en miembro mediante un proceso de socialización y, en segundo lugar, *una comunidad ideal de comunicación* que, por principio, estaría en condiciones de comprender adecuadamente el sentido de sus argumentos y de enjuiciar definitivamente su verdad. Sin embargo, lo curioso y dialéctico de la situación consiste en que quien argumenta, presupone, en cierto modo, la comunidad ideal *en* la real, como posibilidad real de la sociedad real, aunque sabe que la comunidad real –incluido él mismo– está muy lejos de identificarse con la ideal (en la mayor parte de los casos). Pero la argumentación, en virtud de su estructura trascendental, no tiene otra opción que la de hacer frente a esta situación desesperada y esperanzada" (Apel, 1985: 408).

---

12. La aplicación de este esquema de análisis fue particularmente valioso para realizar la caracterización general de la actividad investigativa en educación, en el trabajo que realicé con Marieta Quintero sobre qué significa investigar en educación. (Quintero y Ruiz, 2004).

Ésta es la comunidad en sentido extendido, es decir, aquella que desborda los límites de mis grupos de referencia inmediatos o mediatos, estables o circunstanciales. Es la prenda de consistencia moral, una especie de garantía de la no discriminación hacia aquellos que me son ajenos experiencialmente, pero a los que me encuentro ligado por vínculos sociales (y no sólo biológicos), en los que se expresa claramente el sentido moral y político de la responsabilidad solidaria. En síntesis, la comunidad real-particular (facticidad) y la comunidad ideal-ilimitada (idealidad) se constituyen, a la vez, en polos opuestos no contradictorios y en las instancias que dotan de sentido a la racionalidad dialógica. Encarnar la comunidad ideal en la comunidad real de comunicación es la única posibilidad de llevar a cabo la imparcialidad.

Así, la comunidad ideal de comunicación, además de ser una idea regulativa —en tanto posibilidad—, tal como la asume Apel, también se convierte en una condición concreta de búsqueda de consistencia moral: si alguien está dispuesto a respetar y a hacer respetar valores identificables en cualquier contexto, un comportamiento consecuente con los razonamientos y justificaciones, para dichos valores, debe ponerse en práctica con todas y cada una de las personas próximas o extrañas con quienes sea posible comunicarse y coordinar acciones.

2. El sentido práctico de la racionalidad comunicativa

La perspectiva de una moral secular se construye sobre las ruinas del plan de salvación supra-humano dependiente de la imagen de un Dios redentor. La superación de esta condición trascendente, heterónoma, significa que la práctica moral deja atrás el lastre de los dogmas basados en el temor al castigo divino y la promesa del reino prometido, cambiando, de manera drástica, la motivación subjetiva

de la acción. El paso siguiente va a ser descentrar los motivos morales de la perspectiva egocéntrica, en la que el hombre aún es esclavo, pero esta vez de sus propias inclinaciones individualistas.

Es mediante la razón comunicativa que la voluntad construye la condición de la reciprocidad, sin embargo, este paso sólo es posible cuando los intereses y orientaciones de valores individuales entran en diálogo con los de los demás. Así queda expresado el tránsito de la primera persona del singular (*yo*) a la primera persona del plural (*nosotros*), el cual representa el descubrimiento de un *ethos común*. "Se trata —dice Habermas— de las cuestiones acerca de cómo nos entendemos en tanto que miembros de una comunidad moral, acerca de cómo debemos orientar nuestra vida, de lo que sea mejor para nosotros a largo plazo y visto en conjunto". (Habermas, 1999b: 56). Estas mismas preguntas, planteadas desde la primera persona del singular, expresan una condición existencial legítima, por una parte, y un proceso de construcción de identidad, por la otra: "¿quién soy yo?, ¿quién deseo ser?", son preguntas que no sólo encierran una historia vital, sino también la adscripción a tradiciones específicas, a *formas de vida intersubjetivamente compartidas*.

La inserción en un *ethos* común no es otra cosa que la constitución de la perspectiva social, es decir, el reconocimiento del mundo social compartido que siempre hemos habitado, pero que ha requerido, en un momento determinado, de la descentración de "mis" preferencias y la coordinación intencional de "nuestras" acciones. Ahora bien, al construir relaciones recíprocas —característica fundamental de la perspectiva social— las orientaciones de valor se someten a discusión y se validan intersubjetivamente, lo que significa que se hacen susceptibles a modificaciones, rechazo o aceptación, siempre de modo temporal, es decir, mientras no se reconozcan mejores argumentos para orientar la acción.

En este sentido, la identidad se articula en la relación subjetividad-intersubjetividad, o mejor sería decir, en la conciencia de sí mismo y de los diferentes vínculos construidos con los demás. La identidad, por tanto, es una conquista ética que a su vez se basa en una actitud hermenéutica constitutiva. Esta actitud se expresa en una reflexión práctica que implica autocomprenderse y comprender los motivos y razones de los otros. La mirada comprensiva a mi historia individual no se encuentra desligada de la mirada comprensiva a la historia de mi vida colectiva; además, también se encuentran vinculadas a través de juicios éticos y de experiencias morales.

No es precisamente una tarea inocua hacer aclaraciones acerca del tipo de racionalidad sobre la cual se construye la propuesta de una ética discursiva; y no lo es debido a la amplitud del concepto y a lo que pareciera ser su connatural ambigüedad. Comencemos señalando que lo que aquí se entiende por racionalidad no se reduce a un concepto unívoco, que simplemente se contrapone a lo irracional, o mejor sería decir, a la irracionalidad. Obviamente que esa contraposición existe en cualquier concepción sobre lo racional, especialmente en la que aquí es objeto de análisis, pero, como se verá, supera claramente esta limitación. Descartando de antemano el esfuerzo que implicaría hacer un recuento histórico-filosófico del concepto de racionalidad, fijemos la atención, por ahora, en una caracterización general del mismo.

Apel antepone dos formas de entender la racionalidad y opta por la que a su juicio representa la mejor alternativa en la tarea de hacer que el hombre se responsabilice moralmente de las consecuencias colectivas de las acciones humanas. Denominemos *racionalidad neutral* a la concepción genérica que Apel somete a debate. Ésta se puede sintetizar en los siguientes términos: "Por 'racionalidad' se entiende hoy en día, más bien una cierta capacidad de extraer conclusiones lógicas, esto es, un cálculo matemático valorativamente

neutral y en todo momento objetivable" (Apel, 1989: 33). Este tipo de racionalidad es señalada por gran parte de los representantes de la Teoría Crítica y por los defensores de la TAC, simplemente, como *racionalidad instrumental*; su neutralidad se define por el ascetismo frente a las normas y valores en la orientación de la conducta humana. En esta caracterización, la razón estratégica, instrumental, no entiende de razones morales, no asume responsabilidad alguna de las consecuencias de sus orientaciones y es esencialmente ascética.

A esta acepción de la razón antepone Apel un concepto basado en la idea de un *continuo de racionalidad*, que ubica en un extremo a la irracionalidad y en el otro a la razón discursiva, dejando en un lugar intermedio a la razón instrumental como una manifestación vital de la racionalidad humana, pero igualmente insuficiente. Con el siguiente esquema me propongo ilustrar dicho *continuo*:

Continuo de racionalidad

	Irracionalidad	Racionalidad Estratégica	Racionalidad Comunicativa-consensual
Postura ideológica	Relativismo moral	Técnica: Instrumental-operativa	Moral discursiva
Tipo de relación	Relaciones sin orientación (anárquicas)	Relaciones unidireccionales construidas bajo criterios de control y manipulación	Relaciones dialógicas construidas bajo criterios de disenso, consenso y acuerdo
Criterios para orientar la acción	Ausencia de criterios	La utilidad, el beneficio, la eficacia	Lo racional, lo razonable y plausible
Base para la toma de decisiones	La pura espontaneidad	La búsqueda de resultados	La argumentación La inclusión

Vale indicar que los extremos del *continuo* no representan, ni mucho menos, momentos estáticos de expresión de la racionalidad. En lo que atañe a la razón dialógica, es necesario aclarar que su papel en el "extremo deseable" no se propone como una meta acabada, sino como una *perspectiva de apertura*. Dicho propósito se expresa en la estructura comunicativo-consensual de la racionalidad ética. ¿Qué otra cosa podría abrir más al diálogo inclusivo y constructivo que la búsqueda crítica y permanente de acuerdos racionales entre interesados?

Esta perspectiva aperturista quizás se hace mucho más fuerte cuando los acuerdos potenciales no se construyen solamente con base en lo que puede ser reconocido como racional, sino con base en lo que podamos compartir y reconocer como razonable y plausible. La distinción, en buena medida, traslada el énfasis desde el tema de la fundamentación hasta la esfera práctica de la vida cotidiana. Aunque no es este precisamente el interés de Apel, más preocupado como lo está por atender el asunto de la fundamentación racional de una Ética Discursiva, sí resulta ser una importante alternativa en contra de la superación del *relativismo moral*, ya que reconociendo, incluso, que no siempre se resuelven conflictos, se construyen consensos y se establecen acuerdos con base en criterios de racionalidad, sí es posible –y necesario– hacerlo desde lo que les resulte a los interlocutores de turno razonable, plausible o sensato.

Es decir, que la consigna "todo vale" y lo que de allí se pueda desprender (esto es, cualquier cosa), logra ser contrarrestada sólo si estamos dispuestos a argumentar, a presentar razones, intenciones, intereses, propósitos, etc., sobre la base de una apuesta en favor de que en algún momento sea posible ponerse de acuerdo con el otro.

En este sentido, lo razonable y plausible despliegan una condición moral como parte esencial del continuo de racionalidad, pero a diferencia de la pretensión puramente instrumental, configuran una racionalidad comunicativa —consensual— en el ámbito de la vida cotidiana. Se presupone así un plano normativo más allá de las simples reglas que emanan de la interacción entre los individuos. Ese *más allá* es justamente lo que define la condición trascendental (en sentido kantiano) en la propuesta de Apel, más allá de la experiencia, o mejor, independientemente de ella (*a priori*).

Si bien la *racionalidad estratégica* comporta una estructura comunicativa, ya que se origina, desarrolla y manifiesta en la interacción, en los diferentes tipos de relación entre individuos, su característica principal es la de convertir al *otro* en un medio para la consecución de fines. Los ejemplos que hacen más gráfica esta forma de racionalidad, los encuentra Apel en acciones económicas y políticas:

"Por ejemplo, toda la ambigüedad del llamamiento público a la responsabilidad política puede ser explicado de una vez por la recomendación dada por un premio Nobel de economía de que, en vista de la superpoblación de la Tierra, si se quiere reconstruir el equilibrio de la biosfera humana, hay que mantener la situación de desnutrición en los habitantes del tercer mundo" (Apel, 1989: 37-38).[13]

La única forma de reciprocidad que expresa este tipo de racionalidad se identifica en la *cooperación estratégica*, tal como la que suelen establecer, entre otros, las mafias del narcotráfico, las bandas de delincuencia común o los políticos corruptos. Las posibilidades

---

13. Se refiere Apel a declaraciones de Friedrich Hayek, considerado por muchos como el padre del neo-liberalismo.

nocivas que para la sociedad, en general, pueda tener esta forma de "reciprocidad", en la mayoría de los casos no dice nada en contra de su eficacia, el cual termina siendo el criterio sustancial (cuando no el único) para la toma de decisiones. En el caso del *conflicto*, la consigna resulta ser el establecimiento ágil de acuerdos, despojándose de las motivaciones e implicaciones ideológicas y emocionales de los actores directamente involucrados, resolviéndose las diferencias sobre la base de una apelación crasa al mayor beneficio de una de las partes o, en ocasión, del menor perjuicio de la otra. Tal consideración no es en sí misma negativa, y no lo sería, en definitiva, si en este proceso de negociación, claramente efectivista, no quedaran por fuera los implicados indirectos.

El problema de la fundamentación de las normas no se resuelve en una racionalidad técnico-instrumental de carácter excluyente. Un consenso justificable y legitimable de manera racional, ha de tener en cuenta a todos los implicados, tanto a los que hacen parte del conflicto, como a los que no participan en él. Esta es la manera de superar la unilateralidad de la razón estratégica en favor de una "lógica inclusiva". "Sólo en este caso, donde se excluye desde el principio la unilateralidad (en favor de la trilateralidad) por medio del principio de reciprocidad *generalizada,* puede decirse que ese consenso en sentido *comunicativo-consensual* sea racionalmente ético" (Apel, 1989: 37). El siguiente esquema sintetiza dicho planteamiento:

El principio de la reciprocidad generalizada define el carácter de universalidad de la norma, en la medida en que garantiza que las normas particulares reconocidas en un proceso de negociación, dirigido, por ejemplo, a la resolución de un conflicto, aplican tanto para los directamente involucrados, como para todos los futuros interlocutores potenciales. La ausencia de este criterio, para la orientación de la acción moral, explica cómo en contextos sociales concretos, los conflictos se "tratan", se "solucionan", pero realmente no se resuelven. La diferencia radica en que al solucionar un conflicto, el conflicto desaparece en apariencia, esto es, los implicados se comprometen a neutralizar las acciones productoras del conflicto, mientras que resolverlo significa orientar racionalmente o de manera plausible sus acciones comunicativas y sus comportamientos, de tal modo que las condiciones iniciales cambien favorablemente para todos los implicados.

Al *solucionarse* el conflicto, las razones de los implicados se dejan de lado o se acallan o simplemente se hacen converger sobre una plataforma artificiosa de acuerdo. Al *resolverse* el conflicto, las razones se exponen, se defienden, pero también, al tiempo que se diferencian, se imbrican movidas por la fuerza de la argumentación. La lógica comunicativa desde la cual opera la racionalidad estratégica es la de la solución del conflicto, en la cual el acuerdo es la meta obligada, su *a priori,* y la norma, la estrategia para alcanzarlo. La lógica comunicativa que fundamenta la racionalidad discursiva-consensual es la de la resolución del conflicto, en la cual el acuerdo (basado en disensos y consensos) es consecuencia y a la vez estrategia de aprendizaje permanente, y la norma es el *a priori* que permite orientar las argumentaciones.

Transformar radicalmente la dinámica pragmatista, por ejemplo, que se vive en las instituciones educativas (y con ello, sus procesos socio-educativos a mediano y largo plazo), significaría, en este orden

de ideas, contrarrestar e incluso, en algunos casos, complementar la alternativa de la cooperación estratégica con la definición de un horizonte moral de la acción. De este modo, los actores sociales de la escuela tendrán que dirigir su atención no sólo al problema del conocimiento, sino también al de la construcción de sociedad, de ciudadanía. Algo que sólo puede ser posible si las instituciones educativas buscan en lo pedagógico algo más que un medio, un instrumento para dar cuenta del problema de la reproducción cultural y reconocen, de una vez por todas, que el problema del acceso al conocimiento, de los saberes de la ciencia y de la cultura, no se resuelve con una simple instrumentalización de la relación enseñanza-aprendizaje y en el estricto control disciplinario de la conducta humana, sino en la generación de condiciones que permitan entender lo educativo como un espacio de reflexión, diálogo, debate, impugnación, en suma, como un ámbito social y político de construcción colectiva.

Desde una racionalidad ética así concebida, se entiende que no sólo es posible construir discursos persuasivos, sino que además, y lo que es más importante, se pueden orientar procesos reales de transformación social; pero este ya es tema del siguiente capítulo.

Capítulo III

Teoría de la Acción Comunicativa
y la educación moral

Uno de los objetivos fundamentales de las ciencias humanas reside en alcanzar una práctica comunicativa que haga posible la unidad entre investigación y enseñanza, en orden a la formación de una opinión pública (Apel, 1985: 121). Este es también el propósito principal, al menos en sentido ideal, de una concepción pedagógica inspirada por la TAC.

Dar cuenta de tal propósito requiere, al menos:

1) Desarrollar una postura crítica de la relación de los componentes ético, ideológico y pedagógico de la formación, y
2) Explicitar y problematizar las implicaciones teórico-prácticas de una educación moral pensada desde la TAC, en tanto filosofía práctica.

Las diferencias de opinión surgidas, en buena parte, de las discusiones contemporáneas sobre pedagogía, recaen en las distintas concepciones de tipo ideológico que suelen ponerse en juego en tales controversias, en medio de las cuales suelen producirse notorias dificultades de entendimiento entre los interlocutores y una aparente sensación de que algunas de estas posturas son irreconciliables o, en el menor de los casos, demasiado polarizadas.

Apel advierte sobre las limitaciones y riesgos de asumir la perspectiva ideológica como único criterio de distinción entre enfoques distintos:

"Una consecuencia de estas dificultades de entendimiento es la frecuente degeneración de la discusión en el mutuo intercambio de tópicos en el que particularmente los términos 'ideología' o 'ideológico' amenazan con reducirse a meros estereotipos para designar la incomprensible posición del adversario" (1985: 122).

1. La tarea dilucidatoria de la Teoría de la Acción Comunicativa en el campo de la educación

Si entendemos la pedagogía, de forma genérica, como la disciplina que en el ámbito de la educación media la relación teoría-praxis, entendemos también que dicha relación puede ser concebida de diferentes modos; veamos, en términos muy generales, dos de los más paradigmáticos y a la vez opuestos:[14]

La pedagogía como *ciencia social empírico-nomológica*: desde esta perspectiva, se concibe la pedagogía bajo la égida del positivismo, el cual se expresa con mayor claridad en la importancia superlativa que aún hoy se le atribuye a la psicología conductista, especialmente en

---

14. En lo que sigue nos apoyaremos en algunas de las ideas a partir de las cuales Apel hace alusión directa al papel de la pedagogía en la discusión de las Ciencias Sociales contemporáneas, sobre todo las presentadas en el capítulo ¿Ciencia como emancipación? Una valoración crítica de la concepción de la ciencia en la "teoría crítica" (Apel, 1985: 121 y s.s.).

el papel que tiene la teoría del condicionamiento operante, basado en la asignación de premios y castigos a los estudiantes, según el nivel de cumplimiento que estos alcancen de los objetivos educativos previamente definidos; también está fundado en las prácticas de control social que se establecen en el mundo de la escuela y, en general, en los modos como se promueve la idea del dominio del hombre sobre sus diversas condiciones socio-ambientales.

Aquí la relación teoría-praxis es una relación esencialmente tecnológica. La interacción pedagogo-educando es un recurso, una estrategia para el logro de objetivos académico-cognitivos. Para Theodor W. Adorno, "semejante concepción no es del todo utópica, y menos aún si imaginamos la función de esta pedagogía en el contexto social de un sistema tecnocráticamente perfeccionado de total manipulación de la gran masa por una pequeña élite de manipuladores" (1998: 133-134).

La pedagogía así entendida se automargina de toda posibilidad de convertirse en vehículo de la interacción, del acuerdo intersubjetivo, menospreciando de paso los intereses legítimos de los propios educadores sobre los objetivos mismos de la formación. Este asunto suele ser dejado en manos de expertos (por ejemplo, en política educativa). La pedagogía es reducida así a una simple metodología de aplicación práctica, es decir, a una tecnología.

La pedagogía como *ciencia crítico-social*: si en la Teoría Crítica se expresa un objetivo político-social encaminado a establecer una mediación científica entre teoría y praxis, una visión crítica de la educación asume este mismo objetivo pero dirigido al establecimiento de una mediación pedagógica entre teoría y praxis. Quizás hoy no hay mayores dudas respecto a que esta mediación se establece en relación con objetivos cognitivos, es decir, en relación con el aprendizaje y, más preciso sería decir, con el aprendizaje de saberes

específicos –disciplinares–, sin embargo, en lo atinente a objetivos de corte político y social, estos suelen transparentarse en la escuela. El compromiso de asumir la pedagogía como una disciplina social crítica dirige los esfuerzos de los educadores hacia la reflexión permanente sobre su quehacer, enfatizando en propósitos y procedimientos emancipatorios en respuesta a la manipulación y control producidos en órdenes sociales abiertamente desiguales.

En este sentido, la tarea de la Teoría Crítica ha sido advertir sobre los riesgos que podría acarrear para nuestros procesos de formación, la no articulación entre la reflexión filosófica de los objetivos prácticos de la educación y las problemáticas sociales concretas. La educación pensada en clave tecnológica ha mantenido abierta esta brecha, de tal modo que los referentes de discusión y análisis en los contextos educativos concretos (Vg. escuela, universidad), parecieran hacer alusión a una realidad completamente distinta a la que se encuentran allende las fronteras de la institución educativa. En palabras de Adorno:

"A menudo los maestros son percibidos bajo las mismas categorías que el protagonista desgraciado de una tragicomedia de estilo naturista; cabría hablar, con la mirada puesta en él, de un complejo de ensoñación. Están bajo la permanente sospecha de vivir fuera del mundo. (...) En el cliché de esa vida fuera del mundo se entremezclan los rasgos infantiles de algunos maestros con los de muchos alumnos" (1998: 77).[15]

La TAC encuentra correspondencia, en el contexto educativo, en una pedagogía crítica. El talante autónomo de una teoría de la

---

15. Véase de Adorno, en particular, el capítulo titulado *Tabúes sobre la profesión de enseñar* (1998).

educación, orientada comprensivamente (desde la hermenéutica), reside, en buena parte, en sus esfuerzos por contrarrestar las intenciones manipulativas e impositivas de una racionalidad puramente instrumental, y en la asunción, por parte de los actores educativos, de una responsabilidad moral y política que permita la coherencia necesaria entre formación y acción. Una auténtica educación moral y política es, en esencia, una formación para la acción y la participación, que no es otra cosa que una manera práctica y crítica a la vez de establecer la mediación teoría-praxis.

A la pedagogía –en tanto teoría de la educación– le vendría bien encargarse de la construcción de orientaciones prácticas para la formación de mentalidades críticas y autónomas. Esta es claramente una finalidad política que se gesta en procesos de mediación entre teoría y praxis. Se trata, entonces, de una finalidad cognoscitiva-emancipatoria irrenunciable, que antepone a los intereses individuales de quienes bajo la égida de expertos intentan despolitizar los contextos de formación, que según Apel (1985: 124), para el caso de las universidades, se encuentran guiados por "una mentalidad de adaptación oportunista y enemiga de la reflexión, que dispone a los estudiantes a dejarse formar en una universidad gobernada por las necesidades económicas del capitalismo tardío y reformada según los principios de racionalidad de la teoría de la producción como 'especialistas idiotas' utilizables a voluntad".

En reacción a lo cual se vislumbra como necesario trabajar en favor de un *ethos* educativo que, entre sus exigencias, enfatice en la responsabilidad social y el compromiso político para la transformación cultural.

La institución educativa despolitizada y acrítica es fundamentalmente conservadora, legitimadora del *statu quo*, protectora de intereses de clase, tecnócrata e irracional. Este tipo de institución

niega de modo implícito y explícito cualquier posible mediación de la razón reflexiva entre la formación y la praxis social. La negación política del juicio, otra de sus características, convierte la compleja dinámica de la formación en un mero proceso de adiestramiento. Basada en una concepción axiológicamente neutral, pone a la razón al servicio de intereses individuales excluyentes, definiéndose así justamente su carácter instrumental. Para Ricardo Maliandi (1999: 86 y s.s.) "toda crisis generalizada es propicia –a consecuencia del desmoronamiento de la confianza en los criterios morales– al surgimiento de actitudes irracionales. Las más extremas y paradigmáticas suelen ser variantes del fanatismo, o bien, del escepticismo ético. Aunque aparentemente opuestos e inconciliables, fanatismo y escepticismo comparten la desconfianza en la razón".

Una de las formas más habituales de expresión de la irracionalidad es la violencia. En ella se encuentran presentes elementos tanto del fanatismo como de un escepticismo moral radical. El fanatismo en una sociedad en guerra y en una escuela excluyente y autoritaria se expresa con más claridad en la radicalización y dogmatización de las razones e intereses que defienden las partes enfrentadas, lo que con frecuencia suele desembocar en la deshumanización de los conflictos, que en concreto se traduce en crueldad en el trato al otro, quien suele ser asumido como enemigo potencial.

Esta forma de irracionalidad pone de presente la ausencia absoluta de reconocimiento del otro, en tanto otro, esto es, en tanto ser humano –semejante–; razón por la cual en situaciones de guerra el antagonista suele ser des-subjetivizado, en otras palabras, desprovisto de su humanidad, quedando de este modo convertido en una cosa manipulable, vulnerable y como tal destruible. En esta dinámica, en síntesis, el otro es cosificado, representando ésta la más eficiente alternativa para neutralizar la conciencia autocrítica y birlar la responsabilidad moral.

Con un impacto social no menos grave, el escepticismo ético radical representa el otro extremo de la irracionalidad. Esta forma de desconfianza en la razón, en un primer estadio inofensiva, dado que representa en buena medida una opción de la conciencia individual, se desborda en ámbitos sociales complejos, en los que nuestras decisiones directamente afectan negativamente a otros. En ambientes educativos concretos como la familia, la institución educativa, el trabajo, a menudo asume la forma de la indiferencia, que se sostiene en la frágil esperanza que muchas veces las personas tienen de mantenerse incólume a los conflictos y a los riesgos potenciales del contexto. Esta visión del mundo se cierra en sí misma dejando por fuera todas las alternativas de construcción colectiva que pudieran favorecer, por ejemplo, proyectos sociales solidarios.

La actitud de muchos actores educativos de asumir la exclusión y la agresión como rasgos constitutivos de la escuela, es quizás lo que más acerca a los rasgos mencionados y lo que más aleja a dichos actores de la posibilidad del entendimiento. Es ante este panorama que la TAC representa una importante alternativa al tratamiento moral de los conflictos con base en criterios racionales, tanto para su comprensión como para su eventual resolución. De esta manera se asume que, incluso, en los casos en que no sea posible resolver conflictos, siempre será deseable regularlos, para evitar de este modo situaciones de extrema violencia o para disminuir la presencia e impacto de ésta. En este sentido, la concepción de Apel, según Maliandi (1999: 86), se define como una perspectiva práctica en dos sentidos, a saber: a) en el sentido en que es una teoría de la praxis y b) en el sentido de ser una reflexión capaz de proyecciones prácticas.

La importancia de una moral práctica se define en el terreno de las acciones, de las realizaciones. El valor práctico de la TAC en el ámbito cotidiano y específicamente en el de la esuela, depende de procedimientos que le permitan a los sujetos sociales ganar consistencia entre principios y ejecutorias, entre valores y acciones concretas que les hagan justicia. En síntesis, se trata de que las aportaciones teóricas tengan la capacidad de convertirse en guías para la acción, susceptibles de ser legitimadas en cualquier ámbito social a través del intercambio de ideas, el debate y la argumentación. De esta forma, en la educación moral se requiere aprender, de modo auténtico, a defender o impugnar públicamente perspectivas de valor que afecten o puedan afectar las relaciones interpersonales, en una época determinada, así como en relación con futuras generaciones.

La moral se entiende como el complejo y variado mundo valorativo, regulativo y expresivo, que se interioriza en los contextos socio-culturales que constituyen nuestra cotidianidad, nuestro *mundo de la vida*. Pero de lo que se trata, en este caso, no es de una moral religiosa, relegada meramente al ámbito de lo privado, sino de una moral cívica, secularizada, regulada por la vida pública, en la cual los objetivos, valores y criterios para la orientación de la acción se remiten a una estructura de relaciones democráticas y a un claro sentido de responsabilidad frente a las consecuencias de las acciones humanas individuales y colectivas. La educación moral ha de orientarse, entonces, por reflexiones, teorías, metodologías y procedimientos organizados sistemáticamente, como *corpus* de conocimiento.

Si la moral se constituye, fundamenta, corrige y legitima en y para lo público, la educación moral ha de propiciar la expresión e intercambio de sentimientos, razones y juicios, a partir de los cuales sea posible y se haga necesario regular los intereses manifiestos y las acciones públicas de los ciudadanos mayores y menores de edad; pero además de ello, ha de promover el ejercicio de la crítica y la autorregulación por parte de todos los involucrados en dichos

procesos, a la vez que permitir el acceso al conocimiento de teorías, instrumentos, orientaciones prácticas y procedimientos que cuestionen y/o reafirmen las convicciones y conductas de las personas, de manera situada y en el horizonte de sus vidas.

La TAC es una teoría sistemática y organizada que sirve de guía de pensamiento a la educación moral. En asuntos de tanta importancia no se puede prescindir de orientaciones teóricas, tal y como lo intuyera Walter Benjamín en uno de sus escritos de juventud:

"Muchas veces se siente la tentación de rechazar desde un principio las disquisiciones teóricas sobre la enseñanza de la moral mediante afirmaciones como ésta: la cuestión moral es meramente personal y se sustrae a cualquier esquematización o norma. Independientemente de que esta afirmación pueda ser cierta o no, la enseñanza de la moral resulta ser exigible como algo universal y necesario. Y en la medida en que esto es así, esta exigencia misma necesita ser probada también teóricamente" (1994: 83).

Construir una teoría de la educación moral no significa circunscribir, de manera forzada, al marco de interpretación de dicha teoría, todos los fenómenos centrales o periféricos relacionados con la manera cómo aprendemos a reconocer, aceptar, revisar, corregir o proponer valores para la interacción; se trata, principalmente, de contar con un cuerpo conceptual desde donde se puedan abrir espacios de reflexión para la promoción y desarrollo de la conciencia crítica y la solidaridad.

Un aporte a este propósito es considerar que, en asuntos de educación moral, aflora la necesidad de renunciar a teorías científicamente cerradas, no a las posturas teóricas que intenten constituirse en visiones de apertura. De cualquier manera, resultan relevantes los intentos por construir propuestas de educación incluyentes, con base, por ejemplo, en principios como el de la *libre comunidad escolar*, que sirve de fundamento a la comunidad moral misma. Esta relación entre un principio, fundamento e ideal –libre comunidad escolar–, y lo que podríamos denominar una apelación a la realidad –la comunidad moral que se expresa de forma ética-empírica–, sólo llega a ser posible mediante la fuerza vinculante de la norma.

2. Filosofía y pedagogía: el papel articulador de la norma

La norma es aquello que permite establecer la noción de comunidad. La educación moral se expresa principalmente en la posibilidad de propiciar el aprendizaje de valores morales susceptibles de ser asumidos al tiempo como obligaciones y derechos, a partir de los cuales se construyen nuestras nociones de justicia y nuestras apuestas por un orden social justo. Una moralidad así construida requiere, al menos, de tres pilares sobre los cuales apoyarse:

- El reconocimiento de una forma de subjetividad que, en principio, pueda comprometerse con metas morales comunes, susceptibles de alcanzar valor prescriptivo.
- La presencia de condiciones sociales que garanticen el establecimiento de relaciones intersubjetivas, basadas en el entendimiento.
- Un plano normativo emergente que materializa y da sustento, hacia futuro, a los acuerdos establecidos.

Sólo así es posible hablar de la constitución de comunidades morales como *comunidades de sentido*. En el planteamiento original de Benjamín, el nudo gordiano de la educación moral se encuentra en la constricción de la libertad a la que nos sometemos en el proceso formativo, libertad que además buscamos con la esperanza de obtener vía educativa, a través del reconocimiento, del respeto de límites y la autodeterminación.

Una norma alcanza reconocimiento y legitimidad en un grupo social en particular, cuando los individuos que componen dicho grupo están dispuestos a respetarla y a velar porque los demás integrantes del grupo también lo hagan; ello representa el proceso de validación social de la norma, el cual es permanente y continuo. Respetar una norma implica negativamente restringir la posibilidad —la libertad— que tiene el individuo de violarla y, positivamente, reconocer una condición mínima para el establecimiento de posibles acuerdos presentes y futuros; en ello radica el carácter prospectivo de la educación moral, en suma, en la asunción de la posibilidad de construir o reconstruir modos de regulación —normativos—, a partir de los cuales se pase por el rasero de la crítica lo socialmente establecido y se emprendan acciones de superación (reparación o corrección) de lo que impide el avance moral de una sociedad.

No obstante, a la educación moral no le basta con hacerse subsidiaria de una perspectiva moral deontológica —como la TAC— que pueda dar cuenta de su fundamentación. Como campo específico de conocimientos, como disciplina, requiere de un abordaje sistemático y de construcciones teóricas que le atribuyan validez práctica y legitimidad a sus aplicaciones empíricas. El ámbito de la educación moral requiere, en sí mismo, de fundamentación, de reflexiones organizadas en un *corpus* de conocimiento, en el cual se articulen principios, intenciones y justificaciones sobre una plataforma argumentativa y/o narrativa. Así, la orientación de competencias, actitudes y acciones morales podría encontrar verdaderas posibilidades de desarrollo con las cuales rebatir el relativismo moral.

La educación moral implica necesariamente una esfera procedimental que enlaza formas de actuación mediante las cuales se esgrimen razones a favor de ciertos valores sobre otros (Vgr. la solidaridad en lugar del efectivismo), lo cual exige la justificación de las acciones pedagógicas definidas por los maestros, así como

la problematización de los valores hegemónicos de la cultura, sin que ello represente una constricción a la libertad de los implicados –estudiantes– y sí, por el contrario, el respeto a la elección que hacen las personas de adscribir a creencias y tradiciones, y a la manera como se constituyen, a partir de acuerdos mínimos, visiones éticas del futuro.

La aproximación educativa al fenómeno moral se encuentra lejos de satisfacer exigencias pedagógicas absolutas; su importancia está en una especie de estadio de transición hacia la superación de incontables vicios y defectos que el mismo Benjamín, en su momento, logró detectar en todo el sistema educativo, y que no deja de tener vigencia en nuestro tiempo.

"La enseñanza de la moral combate el carácter periférico, errático y sin convicción de nuestros deberes, así como el aislamiento intelectual de nuestra formación escolar. No se trata, desde luego, de entronizar desde fuera, junto con las tendencias de la educación moral, el contenido de la formación, sino más bien de captar la historia de sus materiales, el espíritu objetivo mismo. En tal sentido, se debe esperar que la educación moral respete el paso a una nueva educación de la historia en la que hasta nuestro propio presente pueda llegar a encontrar su lugar en la historia de la cultura" (1994: 92).

Ningún modo de educar moralmente puede ser independiente de las intuiciones morales que guían el comportamiento de las personas cotidianamente o de los principios legales vigentes en una sociedad determinada; tener en cuenta estos dos referentes sociológicos remite, claramente, a un sentido contextual de la educación moral. De manera similar, cualquier intento de fundamentación de la educación moral precisa de razones y supuestos en los que se soporte una vinculación real y factible entre teoría y práctica. La

tesis que se ha venido desarrollando aquí es que la arquitectónica de la ética, planteada desde la Teoría de la Acción Comunicativa, nos ofrece elementos invaluables para emprender este propósito.

3. La Ética Discursiva como fundamento de la educación moral: el papel de la responsabilidad moral

La Ética Discursiva, denominada también *Ética de la comunicación* o, como K.-O. Apel prefiera llamarla, *Ética de la comunidad ideal de comunicación*, fija como propósito principal la fundamentación en la práctica (en la vida de todos los días) de normas morales a través del discurso argumentativo (Apel, 1995b). Discurso que tiene su fuerza vinculante en la capacidad racional de construir acuerdos.

El discurso argumentativo es la manera de intercambiar razones que, por su apelación a contenidos concretos del mundo de la vida y basado en una pretensión de validez moral universal, despliega una capacidad persuasiva, más allá de lo meramente circunstancial o de cualquier interés egoísta, por parte de los interlocutores en cualquier proceso comunicativo. Este tipo de discurso se propone como medio de expresión, comunicación y vinculación moral, a la vez que como camino y procedimiento para orientar un diálogo liberador. Se trata de un tipo de discurso que propende por un individuo libre y autónomo, y por colectivos humanos solidarios, "[…] pues de lo que se trata, por vez primera en la historia del hombre, es de asumir la responsabilidad solidaria por las consecuencias y subconsecuencias a escala mundial de las actividades colectivas de los hombres –como, por ejemplo, la aplicación industrial de la ciencia y de la técnica– y de organizar esa responsabilidad como praxis colectiva" (Apel, 1995b: 148).

La Ética Discursiva es, de este modo, una ética de la responsabilidad. Tal acepción del fenómeno moral es posible sólo si el discurso argumentativo se convierte en el procedimiento a través del cual se expresan sentimientos morales, se fundamentan las normas y se orientan las acciones de los hombres hacia distintas formas de cooperación. El fenómeno moral se mueve, entonces, en el terreno de la *corresponsabilidad*, y en este sentido se plantea como una tarea común inacabada, sujeta permanentemente a la crítica, a la corrección. La competencia argumentativa desarrollada en el proceso comunicativo y en el intercambio de razones, esperanzas, intereses, anhelos, intenciones y deseos, posibilita la fundamentación de principios de carácter universal, a partir de los cuales se intenta superar cualquier forma de relativismo moral (en el que todo pareciera ser igualmente válido, que es lo mismo que decir que nada lo es y que por lo tanto las cosas siguen como están, es decir, caracterizadas por la desigualdad). Esta ética de la corresponsabilidad representa, por tanto, una apuesta, una visión prospectiva para la sociedad contemporánea, pero también un enfoque viable para instituciones sociales concretas que, como la escuela, requieren de una plataforma normativa en la que se reconozca a todos sus actores, se respete sus diferencias, se pondere y promueva la participación, y se creen procedimientos y mecanismos de inclusión.

Se parte aquí de la consideración de que las sociedades no se hacen *per se* más justas, respondiendo a una especie de designio de la humanidad o siguiendo una especie de supuesto devenir histórico igualitario. La compleja dinámica del poder y las intenciones de dominación que caracterizan a las sociedades humanas se han hecho patente en todas las épocas y nos ha legado sociedades abiertamente desiguales. Parte de lo que se entiende por *civilización* se basa en terribles luchas por materializar ideales de la humanidad y convertir la dignidad humana en un proyecto universal (Elías, 2002). Esta compleja dinámica social supone ideologías cerradas en unos casos

y flexibles en otros, a partir de las cuales hemos aprendido a dividir la historia de la humanidad en periodos, en épocas y también en revoluciones.

Comúnmente se asume que las abstracciones y representaciones míticas, religiosas y filosóficas del mundo prescriben formas específicas de acción. Tales sistemas de ideas permiten a los colectivos humanos interiorizar costumbres, hábitos, valores, formas de proceder, en suma, ideologías y tradiciones a partir de las cuales individuos e incluso pueblos o naciones enteras, en ciertos momentos de su historia, han cometido las más grandes atrocidades, aunque en otras ocasiones, les exige definir límites a su acción, aceptar culpas, emprender correctivos, en síntesis, asumir responsabilidad de sus acciones y decisiones. Para esta tarea resulta fundamental la construcción de criterios morales universales, de distinción entre lo correcto e incorrecto, entre lo justo y lo injusto.

El concepto de responsabilidad moral ocupa un lugar central en la perspectiva ética de Apel, dado que permite la vinculación entre los fundamentos trascendentales de su teoría y los procedimientos prácticos de su aplicación. En la arquitectónica de la ética apeliana se presentan criterios para el establecimiento de una dialéctica entre la fundamentación última de la Ética Discursiva, llamada *parte A*, y una ética históricamente concretada en formas de vidas particulares, denominada *parte B*. Tal dialéctica permite acercar el discurso ético formalista, universalista y procedimentalista a condiciones de acción política y democrática en contextos sociales situados.

En efecto, en la *parte A* se presupone una *comunidad de ideal de comunicación* que orienta las reflexiones de los interlocutores sobre la base de la argumentación. De este modo se complementa una función regulativa del lenguaje, con una función prescriptiva. Esta parte se basa en la capacidad del sujeto para argumentar y actuar con sentido. Se trata de un marco de deseabilidad entre el argumentar y el actuar, ajustado a condiciones eminentemente prescriptitas de comunidades ideales de habla.

La *parte B*, en cambio, da cuenta de una ética histórica –contextual– encargada de reconstruir la evolución de la cultura humana, atendiendo a una *epistemología del deber moral*. Dicha reconstrucción permite reflexionar sobre una lógica de evolución ontogénetica y filogénetica de la moral. Para Apel existe, al lado de un aprendizaje, un desaprendizaje moral. El primero –de naturaleza emancipatoria– propicia el progreso moral, mientras que el segundo –resultado de la actitud crítica– muestra las patologías de la comunicación, las cuales son el resultado de formas de participación estratégicas no cohesionadas.

La responsabilidad moral que se deriva de la arquitectónica de la Ética Discursiva (parte A y parte B), se basa en un principio dialéctico.

"[…] desde donde se presuponen simultáneamente dos cosas: en primer lugar, una comunidad real de comunicación, de la que –el sujeto– se ha convertido en miembro mediante un proceso de socialización y, en segundo lugar, una comunidad ideal de comunicación que, por principio, estaría en condiciones de comprender adecuadamente el sentido de sus argumentos y de enjuiciar definitivamente su verdad" (Apel, 1999: 3).

De este modo, la arquitectónica de esta ética de la responsabilidad permite:

- Pensar en un criterio intersubjetivo de validez moral, objetivado en normas.

- Establecer una estrategia moral dirigida a la reconciliación entre la racionalidad estratégica y la racionalidad comunicativa, dado que se espera que los implicados en un conflicto se pongan de acuerdo en los puntos que concentran el interés de ambas partes. Aquí lo comunicativo es intersubjetivo en tanto que existe "un criterio de voluntad consensual para todos los implicados, y no sólo para los implicados en conflictos" (Apel, 1989, 36).

Diseñar una metodología que permita establecer condiciones o principios morales que le otorguen sentido a nuestro actuar y argumentar.

La arquitectónica de la Ética Discursiva propuesta por Apel, permite entender que la responsabilidad moral obedece a unos procesos de aprendizaje. Si es posible aprender a ser moralmente responsable, es porque existe una relación indisoluble entre moral y pedagogía. Explicitar dicha relación reclama de los educadores la generación de procesos de participación elevados a formas morales de actuación y de discurso.

Esta perspectiva de la responsabilidad moral plantea, al menos, tres tareas prácticas de inaplazable cumplimiento. La primera se encarga de la fundamentación de las normas a partir de discursos prácticos; la segunda se centra en la orientación moral de la acción a partir del plano normativo fundamentado y susceptible de corrección, y la tercera, no menos importante, se ocupa de la educación moral y tiene como base la búsqueda permanente de consistencia entre fundamentación y acción o, en otras palabras, entre lo que se acuerda y lo que se realiza, entre lo que se considera justo y lo que se está realmente dispuesto a hacer en consecuencia.

La pretensión discursiva de esta concepción de responsabilidad moral o, si se quiere, de esta *ética de la responsabilidad*, puede llevarse

al plano educativo de dos maneras: 1) En la generación de condiciones pedagógicas que permitan el desarrollo de la competencia moral comunicativa, y 2) En el desarrollo de la capacidad de interrogar la naturaleza y el sentido de las distintas interacciones sociales que establecen los individuos.

En el primer caso se trata de convertir en autoexigencia la alternativa del diálogo, la presentación de razones y justificaciones a favor de puntos de vista particulares, la explicitación de los desacuerdos, el reconocimiento del disenso como forma de crear y mantener un vínculo social con el otro, y la opción del consenso como posibilidad de construcción colectiva.

En el segundo caso se trata de generar ambientes educativos que permitan dotar de sentido las acciones, prácticas y proyectos humanos, en tanto son parte esencial del complejo entramado de la intersubjetividad. Como debe ocurrir en la relación que se establece con el conocimiento, la intención pedagógica se expresa aquí en el aprendizaje del valor heurístico de la pregunta. Al poner permanentemente en cuestión el sentido de la relación con el otro, se gana en claridad, en sinceridad y se pueden construir, de manera auténtica, relaciones de confianza. Por tanto, se entiende que lo moral, siendo objeto de fundamentación, se despliega esencialmente en la esfera práctica, en nuestras relaciones cotidianas, en nuestro mundo de todos lo días, sin que ello represente ningún tipo de disyuntiva.[16]

---

16. La moral se juega en contextos relacionales, y aunque el vínculo real o potencial con "el otro" es su razón de ser, esta es, ante todo, una tarea de cada individuo. Converjo en esta idea con lo planteado por Adela Cortina, quien arguye, "Yo para mi pienso que es hora de pasar a construir la *ética intrasubjetiva*, de pasar a reconstruir al sujeto humano autónomo, sin el que tal vez pueda haber derecho o política obligadas por sanciones, pero en ningún caso puede haber moral. Ahora bien, para acceder a ese sujeto autónomo de un modo realista es menester partir de su intersección lingüística en el mundo, expresiva de esa intersubjetividad en

Aunque el acento pedagógico es distinto en cada caso –teoría y praxis–, el propósito moral sería el mismo, esto es, contribuir a la formación de la autonomía individual y a la construcción de un orden social justo que, por supuesto, no puede ser un propósito exclusivo de la escuela –en muchos casos ni siquiera es medianamente asumido por ella–, sin embargo, instituciones como la empresa, el Estado, e incluso, algunas versiones de familia, parecen haber relegado a un segundo plano sus responsabilidades morales, a partir de una especie de adscripción a una racionalidad instrumental que privilegia valores efectivistas en la regulación de las relaciones interpersonales y hace prevalecer una idea del *bien* equiparada a una visión individualista del *bienestar*, en tanto capacidad –desigual e inequitativa– de consumo. Tales instancias de socialización, principalmente la escuela, no se encuentran exentas de cambio y, requieren, por el contrario, urgentemente, ser repensadas y reorientadas en sus propósitos y fines últimos.

Quizás sea a las instituciones que producen y trasmiten conocimiento a quienes en mayor medida les corresponde asumir la responsabilidad de la moralización de la sociedad, en el camino hacia la construcción de un orden social menos injusto, más solidario. Ello pasa por una educación con la capacidad de consensuar soluciones a las problemáticas por parte de los afectados, más allá de la presentación de puntos de vista particulares, que de cualquier manera, representa el inicio de todo proceso dialógico. Se parte aquí del principio de que el paso de la heteronomía a la autonomía en los individuos es susceptible de ser facilitado a través de un proceso explícito de educación para la convivencia. En este sentido, la responsabilidad moral de los maestros y, en general, de

---

la que ya siempre es y que le pide solidaridad, y desde ella reconstruir los rasgos de esos individuos autónomos, sujetos de derechos, acreedores a dignidad, por los que sigue habiendo moral" (1995, 32-33).

la institución educativa, se convierte también en responsabilidad política.[17] Las oportunidades que tienen el sujeto contemporáneo y las futuras generaciones de permitirse esta transición, no han de ser mayores si se dejan las cosas tal y como están. Tampoco parece muy aconsejable apostarle a una condición moral en la que las dimensiones psicológica y social del individuo lo mantengan en una eterna adolescencia.

El aprendizaje de la conformidad, la pasividad y la indolencia, incluso frente a situaciones cotidianas en las cuales el individuo podría actuar, de algún modo, para paliar injusticias o proponer salidas plausibles a conflictos concretos que caracterizan su entorno, es una manifestación clara de cómo algunas tradiciones culturales y educativas reproducen la condición de minoría de edad en el individuo. La ausencia de compromiso con la acción moral no expresa necesariamente deficiencias en la intelección, algo que pudiera entenderse como una especie de incapacidad congénita para comprender el punto de vista del otro, para construir la perspectiva social. Es mucho más complejo que eso; la condición heterónoma de nuestro sujeto contemporáneo parece ser, paradójicamente, una opción conciente, una forma de vida en la que el lugar que podrían ocupar la solidaridad y una valoración especial de la dignidad humana, lo ocupan ya formas muy arraigadas de hedonismo: narcisismo, consumismo obsesivo, ansias de dominación.

---

17. Dado que la responsabilidad moral es atribuible solamente a los individuos, se asume que la responsabilidad de una institución educativa se encarna en la responsabilidad personal directa de sus actores sociales: estudiantes, docentes, directivos, etc., de manera situada y bajo la asunción de sus respectivos roles. Hanah Arendt (1990, 14) ha hecho importantes aportes en esta dirección, subrayando un énfasis para la responsabilidad moral, situado en el "yo", y otro para la responsabilidad política, centrado en las instancias conformadas por los colectivos humanos para regular la vida en común. Así, mientras la responsabilidad moral se refiere principalmente a actos concretos y actores particulares, la responsabilidad política alude a las "posibilidades" de la acción colectiva.

La reproducción acrítica de condiciones educativas y culturales que mantienen al individuo en condición de minoría de edad, le impiden a éste construir vínculos permanentes de cooperación y convierten en fragmentario todo esfuerzo orientado al respeto de la dignidad humana. Una modificación drástica de dichas condiciones es, en sí mismo, una responsabilidad moral que le atañe a la escuela y un reto que le significa asumir compromisos impostergables.

El reto de la educación moral consiste en proporcionarle a ese sujeto refugiado en la sofisticada e insensible coraza de su individualismo egoísta, que es otra manera de decir su angustia, una opción a través de la reconstrucción moral de la comunicación. Un propósito nada fácil si se tiene en cuenta la enorme popularidad que ha adquirido, en tiempos de una ética indolora, plantear oposición entre el deber como orientación vital y la experiencia de una *vida light* (Lipovesky, 1996). Sobre todo, cuando la tradición religiosa se ha encargado de distorsionar el significado del concepto de responsabilidad, convirtiéndolo en una pesada carga en el largo camino de penalidades que conduce a la redención espiritual. Reconstruir moralmente el sentido de la comunicación implica, por el contrario, entender la responsabilidad como libertad, como posibilidad de proponer o adherir a proyectos de vida que se construyen siempre en la relación con el otro, con la inclusión del otro (Habermas, 1999b). Aunque el otro no siempre se encuentre representado por un sujeto histórico específico, cuando rechazamos visiones obnubilantes de la cultura, ideologías hegemónicas, hacemos manifiesta una preocupación por ese otro cercano o abstracto con quien quisiéramos compartir un mundo mejor que el que tenemos, cualquiera sea la idea de mundo mejor que poseamos.

Una educación centrada principalmente en el sentido moral de la comunicación, resulta ser una educación para la libertad de optar, para la construcción de la autonomía en la acción comuni-

cativa y para la responsabilidad solidaria frente a las consecuencias de nuestras acciones. El asunto de la moral, como nos lo muestra la Ética Discursiva de corte apeliana, no es sólo un asunto de voluntad, conciencia, sentimientos y juicios: es también, y principalmente, un asunto de acciones, de acciones comunicativas que dotan de sentido el quehacer de los seres humanos, especialmente su quehacer educativo.

Segunda parte

El diálogo de los urdidores

Capítulo I

Constructivismo y ciudadanía

Este capítulo apuesta por un enfoque constructivista de la formación política. De modo especial, se trata de interrogar el desarrollo de competencias ciudadanas en y desde la escuela, a la luz de categorías teóricas provenientes del constructivismo en educación. Para ello se discuten elementos constitutivos de este campo de investigación, tales como el cambio conceptual, la construcción de conocimiento histórico y el desarrollo de habilidades y capacidades cognitivas. Estos elementos confluyen en la proposición de dos grandes retos investigativos: uno de ellos, centrado en el estudio de la capacidad deliberativa, y el otro, en la exploración de la relación identidad nacional-subjetividad política. Ambos casos, en la perspectiva de la generación de conocimiento para el campo de la educación.

1. El cambio conceptual y la construcción del conocimiento

Bajo este apartado se pueden reunir una serie de estudios inspirados en las teorías del desarrollo cognitivo de Jean Piaget, desde donde se propone un marco general para pensar la educación, especialmente la relación enseñanza-aprendizaje. No obstante, las posibilidades de aplicación de los conocimientos generados por

investigaciones realizadas en contextos escolares específicos –guiados por la idea del cambio conceptual–, muchas veces, a través de estudios comparados, tropiezan con problemas de tipo teórico y práctico de gran valor heurístico.

Uno de estos problemas tiene que ver con la definición de principios y esquemas explicativos que, evitando simplificaciones teóricas y metodológicas, permita a los profesionales de la educación orientar sus prácticas de enseñanza. Este, que podríamos denominar *interés didáctico*, se encuentra conectado con un interés *epistemológico*, de modo tal que las prácticas de enseñanza se enmarcan en una teoría del aprendizaje evolutivo-racionalista. Aquí el centro del conocimiento es el sujeto que aprende, la naturaleza cognitiva de sus aprendizajes, la estructuración compleja y progresiva de significados y una especie de lógica del pensamiento.

Una teoría del desarrollo cognitivo basado en *estadios* es tan sugestiva como problemática para quienes trabajamos en el campo de la educación, sobre todo, en el de la formación moral y política. Algunos autores han mostrado que la motivación de los estudiantes, así como el contendido específico de sus aprendizajes –especialmente de tipo moral y político–, ejercen una influencia tan importante en su desarrollo cognitivo como la que pueden ejercer las regularidades de su estructura mental. (Yánez y Fonseca, 2003 y 2004; Gómez, 2005).

La utilización de estrategias pedagógicas para el abordaje y desarrollo de temas disciplinares en el aula no siempre encuentra correspondencia con el nivel de comprensión esperado entre nuestros estudiantes. Muchas veces los maestros partimos de la ilusión de que los contenidos curriculares han sido tratados de manera profunda, mediante estrategias metodológicas pertinentes, sensibles al contexto y en consideración con los procesos de socialización de

los estudiantes, más allá de que estén o no enmarcadas en las etapas del desarrollo cognitivo que ha propuesto el constructivismo.

"[…] queremos insistir en que si bien el constructivismo recoge las conclusiones de numerosas investigaciones que muestran la importancia de los propios esquemas de conocimiento, sin embargo, no todo el conocimiento que maneja un individuo procede de una reelaboración de dichos esquemas" (Carretero, 1993: 117 y ss.).

El conocimiento procede también, y principalmente, de la manera como estos esquemas son problematizados y complejizados en nuestras experiencias cotidianas de aprendizaje. Para comprender esto, nos puede ser de mucha utilidad exponer de manera esquemática la idea sobre el *cambio conceptual*, tan importante en la perspectiva constructivista en educación. Veamos: cuando se cuestionan juicios y concepciones previas que un estudiante tiene sobre un fenómeno natural, sobre una situación social o acerca de un acontecimiento histórico, la idea no es arrojar al vacío las explicaciones que el estudiante tiene sobre el mundo, sino permitirle a éste, a través de la generación de un conflicto cognitivo –promovido mediante preguntas, versiones antagónicas e interpretaciones diversas–, ganar en comprensión, profundidad, consistencia y validez –aunque ésta última siempre sea tentativa–.

Pero así como los *esquemas conceptuales* son la base de las interpretaciones que estudiantes y maestros tenemos sobre los fenómenos naturales y sociales, construidas dentro y fuera de la escuela, también lo son de las miradas de quienes como los científicos desarrollan su actividad en ambientes académicos restringidos y a través de gramáticas altamente especializadas.

"En ambos casos, se coincide en que los alumnos y los científicos no manejan datos empíricos que son copias de la realidad, sino

teorías o esquemas conceptuales con los que interpretan los datos empíricos. Si se producen anomalías o conflictos en la aplicación de dichas teorías, los alumnos y los científicos se ven obligados a cambiarlas" (Ibíd., Carretero, p. 121).[18]

Vale agregar que, en muchas ocasiones y en ausencia de explicaciones más satisfactorias, solemos mantener nuestras teorías, a pesar de los defectos, errores y pequeñas inconsistencias que eventualmente podamos encontrar en ellas. Es allí donde una información o un conocimiento nuevo pueden generar la necesidad de un cambio conceptual.

Para ilustrar esta idea de otra manera, podría sernos útil el término "comunidad de sentido", con el cual me quiero referir a la actividad realizada por un grupo de personas –no necesariamente investigadores– capaces de argumentar, con el propósito no sólo de defender sus hipótesis acerca del mundo, sino también de disentir cuando en situaciones de conflicto sus propias concepciones se ven afectadas.[19] Aquí el cambio conceptual depende de la contundencia de un dato nuevo o de la fuerza persuasiva de un argumento distinto a los que se conocían o eran tenidos en cuenta en tal comunidad. El esquema mediante el cual Habermas relaciona verdad y justificación, puede sernos útil para la comprensión de esta dinámica.

---

18. Para T.S. Kuhn, la diversidad lexical, con la cual los investigadores adscritos a una comunidad representan el mundo, permite esclarecer los distintos compromisos teóricos desde los cuales se observa, describe, explica, interpreta y significa la realidad; de este modo, los exponentes de teorías diferentes, pertenecientes a comunidades científicas delimitadas y específicas, hablan "idiomas" diferentes, esto es, "lenguajes que expresan diferentes compromisos cognoscitivos adecuados a mundos diferentes" (Kuhn, 1982: 261).

19. Para un mayor desarrollo sobre el término *comunidades de sentido* y sus implicaciones en la conformación de comunidades de investigación, véase Quintero y Ruiz, 2004: 61 y ss.

"Desde la perspectiva de las rutinas del mundo de la vida, la verdad de los enunciados sólo se convierte en tema cuando al fracasar las prácticas habituales y al surgir contradicciones se toma consciencia de que las autoevidencias, válidas hasta el momento, sólo eran meras 'verdades pretendidas', es decir, *pretensiones* de verdad problemáticas por principio [...] Es en el momento que pasan de la acción al discurso cuando los participantes adoptan una actitud reflexiva y, convertida la verdad de los enunciados controvertidos en tema de debate, discuten sobre ella a la luz de las razones aportadas a favor y en contra" (Habermas, 2002: 51).

La importancia que el constructivismo de la educación le otorga al concepto de *cambio conceptual* se encuentra mucho más allá del ámbito disciplinar de la psicología o, incluso, de la filosofía. Sus implicaciones más prominentes se encuentran en el campo de la educación; no de manera gratuita se habla de *aprendizaje significativo* como de aquel tipo de aprendizaje que depende básicamente del cambio conceptual, esto es, de la comprensión de nuevos contenidos, significados y sentidos a partir de los que ya se poseen o se poseían. Algo que no depende sólo de factores de índole cognitivo, sino también de componentes motivacionales, afectivos y valorativos, que imbricados constituyen nuestras visiones del mundo, relativamente resistentes al cambio.

La indagaciones sobre el cambio conceptual en la comprensión de los problemas de la historia, en particular, en el campo de la enseñanza de la historia, describe algunas interesantes peculiaridades.

2. Sobre el conocimiento histórico

¿Cómo aprendemos conceptos históricos?, ¿de qué manera nuestro aprendizaje de la historia se relaciona con y se distingue de los métodos de conocimiento de la *Historia* como ámbito disciplinar?,

¿qué competencias y habilidades se pueden desarrollar entre los estudiantes en contextos escolares específicos para que construyan una visión compleja, atractiva y enriquecedora de la historia? Estas y otras preguntas han guiado algunos de los estudios del constructivismo de la educación (Carretero et al, 1996; Carretero, 1998, 1999; Ferro, 1990; Ramírez y Gómez, 2000). Algunos de los tópicos que han merecido mayor atención de los investigadores, son:

- La capacidad de entender el carácter relativista de la historia.
- Los procesos de razonamiento sobre contenidos históricos.
- La comprensión de textos históricos.
- Las nociones de tiempo histórico, causalidad histórica, nación y Estado, entre otras.

Ninguna de las disciplinas del conocimiento –ni de las ciencias naturales, ni de las ciencias sociales– se caracteriza por poseer proposiciones infalibles y definitivas. Todas las disciplinas, incluida por supuesto la historia, construyen sus "verdades" desde una perspectiva de *valor tentativo*, y es justamente esto lo que les atribuye un carácter relativo. No obstante, dicho relativismo tiene sus límites. Al decir 'relativo' nos obligamos a justificar: *relativo a qué*. Las evidencias empíricas, en este caso clasificadas bajo el rótulo de *dimensión fáctica*, mediante las cuales se hace referencia explícita a un hecho histórico en particular, al momento en que se produjo, a los actores involucrados y a las causas que los prefiguraron, no se encuentran desprovistas de los intereses, las intenciones y las visiones de mundo de quienes narran o explican dichos acontecimientos; esto es lo que denominamos *dimensión interpretativa*.

Bien, la construcción del conocimiento histórico no parece darse espontáneamente, sino de manera procesal, esto es, a partir de fases, que si bien no describen secuencias fijas, sí permiten identificar algún tipo de regularidad. Una comprensión cabal de la historia

–léase compleja, relativa, productiva y eficaz– implica el desarrollo de capacidades cognitivas que van desde niveles de baja densidad –absolutistas–, hasta niveles de alta densidad –relativista, crítica, constructiva–. El siguiente esquema ilustra esta perspectiva:

Primer nivel. *Posición absolutista*: se poseen versiones únicas, verdaderas e incuestionables de los acontecimientos históricos. No se reconocen las discrepancias entre las distintas versiones. No se distingue entre hechos e interpretaciones.

Segundo Nivel. *Relativismo radical*: todas y cada una de las versiones de los hechos son igualmente válidas; ninguna es más verdadera que las otras.

Tercer nivel. *Epistemología evaluadora*: la manera como se construye la idea de acontecimiento histórico implica la emisión de juicios, la elaboración de argumentos, la evaluación y revisión crítica de las evidencias en las que se apoya una determinada explicación. Al parecer sólo un pequeño porcentaje de niños y de adultos alcanza este nivel. [20]

Sin el conjunto de habilidades cognitivas del tercer nivel no se podrían analizar distintas perspectivas (explicaciones e interpretaciones) sobre un mismo acontecimiento histórico, lo cual se vislumbra como necesario en la construcción de este tipo en particular de conocimiento. No obstante, vale la pena revisar detenidamente nuestro sistema de explicaciones sobre los eventos y las nociones históricas, dado que muy probablemente necesitemos proponer niveles intermedios a los ya enunciados. Una hipótesis plausible

---

20. Los niveles enunciados se entienden como niveles de complejidad creciente en el desarrollo del *relativismo cognitivo*. (Asencio, Carretero y Pozo, 1986; Carretero y Limón, 1994).

podría ser que procesos de razonamiento fluctúan entre uno y otro nivel sin mayor consistencia o perdurabilidad. Ante niveles claramente discretos, con sistemas explicativos paradigmáticamente diferenciados, el criterio de distinción –entre un nivel y los otros– es eminentemente racionalista. Una perspectiva alternativa –y quizás complementaria– podría fijar la atención en los motivos y necesidades de los intérpretes.

Nuestras lecturas de la realidad y no sólo nuestras nociones sociales e históricas, se construyen con una importante dosis de irracionalismo, a saber, expectativas, negaciones, ilusiones, esperanzas, de ahí la importancia que alcanza la narración, en tanto estrategia de expresión de la individualidad, pero también como método de comprensión colectiva y de adscripción cultural (Vgr. costumbres, valores y tradiciones). Al fin y al cabo, aunque la historia se explique a través de hipótesis y argumentos, se cuenta en forma de relatos.

No se trata aquí de plantear disyuntivas entre racionalidad o irracionalidad, argumentación o narración, sino más bien de insistir, a partir de la inclusión de nuevos elementos de discusión, en una idea de vieja data en las teorías constructivistas, a partir de la cual el desarrollo cognitivo –y con seguridad también el caso particular de la construcción del conocimiento histórico– se representa mejor a través de una línea inclinada y algo sinuosa que a través de una línea recta en posición vertical.

Con respecto a los procesos de razonamiento y a la construcción de explicaciones de tipo histórico, Carretero destaca que la investigación en el campo ha distinguido entre *explicaciones intencionales y explicaciones estructurales* (1994). Así, mientras el primer tipo de explicaciones personaliza el curso de los acontecimientos, es decir, los hace depender de las decisiones de las personas o, mejor sería decir, de personajes históricos, el segundo tipo de explicación se

basa en factores gruesos que se imbrican y afectan mutuamente, entre los cuales estarían aquellos de tipo económico, social, político y cultural. Pero aunque se ha encontrado que los estudiantes de los primeros grados de bachillerato tienden a personalizar sus explicaciones, otros datos indican que el tipo de explicación que se ofrece de un hecho depende, en buena medida, del tipo de hecho histórico que requiere explicación (1994: 25).

En una concepción "heroizante" de la historia, por ejemplo, la ocurrencia de grandes acontecimientos y transformaciones sociales depende, casi en su totalidad, de la existencia de un individuo dotado de características prácticamente sobrenaturales. Este tipo de perspectiva queda claramente ilustrada en la manera como estudiantes de 5º y 9º grado del Distrito Capital responden ante una cuestión como la siguiente:

Crees que si Bolívar no hubiera existido:

a. No nos hubiéramos independizado de los españoles.
b. Hubiéramos pasado a ser una colonia francesa o inglesa.
c. De todas maneras se hubiera dado la independencia.
d. Tendríamos otros próceres con la misma importancia.

El 80 por ciento de los quinientos niños encuestados, pertenecientes a colegios de distintos estratos socio-económicos de Bogotá,[21] optó por la alternativa *a*. Si bien, no se trata de negar

---

21. Este tipo de pregunta es emblemática de una intención evaluativa del tipo "si se hubiesen dado X condiciones en el pasado, hoy las cosas serían…" (*historia contra-fáctica*), a través de la cual se pueden analizar estilos de aprendizaje y, a la vez, modelos de enseñanza privilegiados en la escuela. Por tanto, no se trata de una evaluación de conocimientos con base en respuestas correctas e incorrectas. El presente ítem y su resultado han sido tomados de las *Pruebas Comprender de Ciencias Sociales. Evaluación de la comprensión y el aprendizaje* (Alcaldía Mayor de Bogotá, 2005), específicamente, del pilotaje de la prueba.

el invaluable papel que han tenido las personajes específicos en el acontecer histórico (pensadores, activistas o, si se quiere, próceres), hacer depender todo el curso del pasado de su existencia o presencia es, a todas luces, una explicación excesiva. En este caso, el exceso conduce a un *sesgo intencional* que muy a menudo se manifiesta en las aulas a través de las explicaciones del maestro y en la estructura de los libros de texto.

Al respecto, resulta sumamente prometedor el estudio sobre la *intencionalidad pedagógica* de los maestros en la enseñanza de contenidos y problemas de carácter histórico. La sobre-valoración del prócer no dista mucho de la mitificación del mártir (Vgr. la imagen del caudillo político inmolado), cuando tanto en la escuela como en otras instancias sociales se hacen afirmaciones enfáticas del tipo: "Él era la única persona que podía salvar al país". Algo de ello seguramente pervive en las prácticas políticas contemporáneas, en las que se reedita permanentemente el caudillismo y el personalismo político (basado en la conformación de partidos con base en un *ismo* que se agrega al apellido de un gobernante o político influyente).[22]

"[…] dar sentido a la historia no es una acción extraordinaria que sólo compete a los héroes, a los líderes políticos o a la *intelligentzia*, sino que se trata de una tarea que se realiza en la vida cotidiana y que corresponde a todos los hombres y mujeres. La suprema expresión de la eticidad tiene lugar cuando, en la tarea de dar sentido a la historia, los integrantes de una comunidad se orientan por el ideal de superar teórica y prácticamente las discrepancias entre el desarrollo

---

22. Debo estas últimas ideas a Jairo Gómez (uno de los autores de la prueba citada), a propósito de conversaciones sostenidas sobre los resultados parciales de la prueba y sus implicaciones sobre la construcción de una cultura política en la escuela.

del género humano y el del particular, y se rigen por la decisión de realizar, aún en condiciones adversas, los valores genéricos en su vida personal y en la vida de la comunidad" (Yurén, 1995: 183).

No obstante, una visión completamente despersonalizada de la historia resulta igualmente problemática, al asumirse que las cosas han de ocurrir indefectiblemente, en dependencia de una especie de dinámica interna de estructuras sociales y culturales abstractas, en el que los intereses y decisiones de las personas juega un papel en absoluto relevante. Podemos referirnos a este sistema de explicaciones como *sesgo estructural determinista*. La historia, desde esta visión, es *algo que nos ocurre*, no algo en lo que podamos participar activamente, ni para definirla, ni para reorientarla.

"Sin duda, el problema educativo central no es el de la disyuntiva acerca de enseñar o no los héroes en la escuela, sino del trabajo didáctico que llevamos a cabo para que la mayoría de los alumnos transite desde la emoción mítica hasta la comprensión de los conceptos sociales e historiográficos" (Carretero, 2001).

No se trata, a mi juicio, de buscar opciones intermedias, sino más bien de generar ambientes educativos en los cuales se puedan identificar distintos sesgos (los señalados y otros más), ponerlos en cuestión y promover interpretaciones alternativas, razonables y sustentables que a su vez puedan ser objeto de interrogación y de mayor profundización.

3. La formación ciudadana desde una perspectiva constructivista y algunos retos

El estudio de la capacidad deliberativa

No exentas de álgidos debates, los estudios de Piaget sobre el criterio moral en el niño y las teorías subsecuentes de Kohlberg sobre el desarrollo moral y sus permanentes reformulaciones, han alcanzado un alto nivel de aceptación por parte de distintas comunidades académicas, no sólo en la psicología sino también en otras disciplinas de las ciencias sociales y humanas (Habermas, 2000; Rubio, 2000; Villegas, 2002). Esta perspectiva del desarrollo moral, de énfasis marcadamente cognitivo, ha enlazado también con la preocupación por la formación política, al menos, es lo que reflejan los trabajos de Kohlberg con base en la idea de la *comunidad justa*.[23] Sin embargo, esta perspectiva no ha contemplado, en mayor medida, la influencia que pueden tener las competencias comunicativas y emocionales, tanto para el desarrollo moral como para la construcción de concepciones políticas –articuladas por un sentido de la justicia–.[24]

Uno de los papeles clave de la investigación empírica en campos tan complejos como los de la enseñanza de la historia, la educación

---

23. Ante los distintos problemas planteados por los valores, intereses y relaciones de poder, transparentados en el currículum oculto, Kohlberg apela, desde una perspectiva evolutivo-progresista, a la construcción de un modelo de educación democrática que, desde la enseñanza de un sentido de justicia, legitime "los valores consensuales de la sociedad" (2002: 29).

24. En la última parte de este libro se plantea un debate a la idea de progreso moral que, en términos generales, comparten Habermas y Kohlberg.

moral, la formación ciudadanas, es, entre otros, el de contribuir con la definición de orientaciones prácticas para el trabajo cotidiano de los maestros en la escuela. El proceso de generación de conocimiento –como se remarca en la primera parte de este libro– se guía, de alguna manera, por una intención *fundamentadora*. Una mirada pedagógica de los procesos históricos, sociales y propiamente educativos, deberá centrarse, en cambio, de manera prioritaria, en el problema de la *realización*. El desafío particular para una pedagogía constructivista está representado en la necesidad de articular los desarrollos epistemológicos con los de tipo didáctico. La exploración sobre las capacidades y habilidades implicadas en el ejercicio de la deliberación, representa un interesante reto al respecto.

Algunos de los estudios desde el constructivismo de la educación se han centrado en el análisis de los criterios de distinción entre procesos de razonamiento sobre contenidos históricos, frente a procesos de razonamientos sobre otro tipo de contenidos (Carretero y Limón, 1994: 221; Carretero, 1998). En esta misma dirección podría resultar sumamente promisorio dar cuenta de interrogantes como: ¿existe alguna especificidad en el desarrollo de las nociones políticas, distinguible del desarrollo de otro tipo de nociones sociales?; al referirnos a contenidos, concepciones y acciones políticas ¿se apela, acaso, a algún tipo especial de razonamiento?; al suponer que estas preguntas se soportan en argumentos suficientes como para emprender indagaciones empíricas, ¿cuáles serían los métodos y estrategias investigativas más apropiadas para dar cuenta de ellas? Una primera hipótesis de trabajo, a este respecto, consiste en que el estudio detallado sobre capacidades y habilidades para la *deliberación* permitirá distinguir y, a la vez, relacionar los ámbitos sociales, morales y políticos que se encuentran allí presentes, la mayoría de las veces de forma indiferenciada.

Algunas de las actuales conceptualizaciones sobre *competencias ciudadanas*[25] han partido de una idea base, si se quiere, de una intuición pedagógica –aún sin mayor sustento empírico–, que consiste en apostar por el *aprendizaje cívico* (acciones de construcción colectiva, cuidado de lo público, significación de las normas, y participación en la definición de una idea de futuro individual y colectivo, según contextos más o menos restringidos) desde una *perspectiva constructivista* (desarrollo de competencias cognitivas, afectivas y comunicativas).

La indagación sobre los procesos y las competencias deliberativas (en clave de diálogo, discusión, participación, toma de decisiones y acciones incluyentes), y sobre los *niveles* de deliberación, permite, en principio, esclarecer los procesos de razonamiento sobre tópicos y problemas políticos, así como sobre los grados de articulación entre los distintos tipo de competencias (cognitivas, emocionales, comunicativas).

Una apuesta por el estudio de la capacidad deliberativa y de las competencias que quizás se articulen en ella, es, a la vez, una apuesta por obtener una mayor comprensión sobre cómo se construyen –o incluso, de qué manera se suele imposibilitar su desarrollo– las competencias ciudadanas en la escuela y los efectos que ello tiene para la formación de ciudadanos. Así, los actores sociales de la escuela, además de dirigir su atención a los problemas del conocimiento y del aprendizaje de las disciplinas (asunto que como se ha visto reviste una gran complejidad y se encuentra lejos de estar

---

25. Entendidas como "el conjunto de capacidades y habilidades cognitivas, emocionales, comunicativas –integradas– relacionadas con conocimientos básicos (contenidos, procedimientos, mecanismos, que orientan moral y políticamente nuestra acción ciudadana" (Ruiz y Chuax, 2005: 32).

resuelto), lo hagan también frente a los asuntos de la construcción de sociedad.

¿Puede enseñarse la ciudadanía? Es claro, en este caso, que no se trata solamente de la generación y circulación de contenidos en torno a "cómo ser un buen ciudadano"; se trata, principalmente, de la construcción de actitudes y del despliegue de acciones pretendidamente justas, equitativas, incluyentes, racionales y pacíficas. Sin embargo, el aprendizaje de la ciudadanía también implica la adquisición de conocimientos (conceptos, mecanismos, procedimientos), justamente para dotar de sentido y hacer posible la acción ciudadana, por tanto, se justifica preguntarse ¿de qué forma(s) se produce aquí el cambio conceptual?

Si la escuela está dispuesta a emprender acciones pedagógicas explícitas a favor de un cambio conceptual –de preconceptos, justificaciones y formas de raciocinio– sobre lo que significa el ejercicio de una ciudadanía activa y responsable, en un esfuerzo porque los estudiantes transiten de los conceptos más simplistas y sesgados a los más complejos y aperturistas, quizás el papel de la escuela sea cada vez menos el de la contención social y cada vez más el de la generación de posibilidades de transformación. Tiene sentido pensar, por ejemplo, en la necesidad que se tiene en la escuela en Latinoamérica, de propiciar un cambio conceptual en la producción de textos escolares, manuales y materiales didácticos. Se requiere, al respecto, construir conocimiento –*orientaciones teóricas, metodológicas y pedagógicas*– para hacer más prolífico el diálogo entre los elementos argumentativos y los narrativos que estructuran dichos materiales.

Relaciones entre el constructo identidad nacional y la construcción de la subjetividad política

Las condiciones de iniquidad por los que atraviesan los pueblos y naciones latinoamericanas, ameritan suficientemente el que nos tomemos en serio el papel de la escuela en la formación de ciudadanos. La investigación en educación ha de ser más que un medio o instrumento para dar cuenta del asunto de la *reproducción cultural*. El acceso a los saberes de la ciencia y la cultura no se resuelve con una simple instrumentalización de la relación enseñanza-aprendizaje; requiere, principalmente, de la generación de condiciones educativas que privilegien la reflexión, el diálogo, el debate, la impugnación, en suma, la construcción, reconstrucción y recreación colectiva de la dimensión social y política.

Asuntos como la identidad nacional, no sólo tienen que ver con los procesos y mediciones educativas presentes en tradiciones, valores y costumbres que se reproducen de una generación a otra, la mayoría de las veces de manera acrítica,[26] también se da como resultado de la utilización política de los contenidos escolares (Carretero, 1998), que en el caso latinoamericano se encuentra muy ligado a la manera como los ministerios de educación y las oficinas regionales producen la política pública en educación, que por lo demás, en muchos casos, se traduce casi de manera exclusiva en la construcción y circulación de programas académicos pre-es-

---

26. Un ejemplo de ello lo representa la naturalización de la idea de que vivimos en una sociedad democrática. Quizás si en las distintas instituciones sociales, incluyendo por supuesto la escuela, se enfatizara en las enormes diferencias que existen entre *contar con un sistema político democrático* y *vivir en una sociedad democrática*, se tendría mayor conciencia de la necesidad de trabajar conjuntamente a favor del fortalecimiento de la democracia y de la formación de ciudadanos activos, comprometidos con dicho propósito.

tablecidos, lineamientos curriculares y estándares de calidad. Pero además de ello, la identidad nacional (y regional) se encuentra en estrecha relación con los procesos de construcción de la subjetividad política, muy vinculados a las prácticas políticas de dominación y sometimiento que suelen llevarse a cabo en la escuela.

El análisis de los textos escolares sobre enseñanza de la democracia, formación ciudadana, participación política, derechos humanos en la escuela y convivencia escolar, podrá ofrecer información complementaria de gran valor. De este modo, la exploración propuesta sobre las relaciones entre identidad nacional y procesos de subjetivación política, ha de tener en cuenta las posibles articulaciones entre las siguientes unidades de análisis: documentos con orientaciones de política pública en educación –textos escolares–, prácticas y experiencias emblemáticas de formación política en la escuela.

La realización de este tipo de propuestas, bajo la concepción de estudio comparado (incluyendo distintos países latinoamericanos), puede ofrecernos un interesante panorama de lo arriba propuesto y con seguridad nos permitirá una mayor comprensión de lo que somos y de lo que queremos ser como pueblo, como nación y como región.

Capítulo II

Entre el hechizo de Circe
y la voluntad de Odiseo

Sobre los problemas de la formación ciudadana[27]

Términos como voluntad y autonomía se encuentran tan emparentados como los de ciudadanía y democracia. Así, no se puede ser un sujeto autónomo si no se quiere serlo, si no se siente necesidad de serlo; y no se vive en una sociedad democrática si ésta no está constituida por ciudadanos que estén dispuestos a asumirse como tales. La siguiente narración de Lion Feuchtwanger, recreada por Zygmun Bauman (2004: 23), me resulta especialmente esclarecedora para nuestro tema de reflexión:

En una versión apócrifa del famoso episodio de la Odisea "Odysseus und die Scweine: das Unbehagen an der Kultur", Lion

---

27. Este texto fue presentado, en una versión muy cercana a la presente, en el congreso internacional *Subjetividades políticas y morales en la construcción de ciudadanías*, realizado en Manizales entre el 18 y el 21 de mayo de 2005, y organizado por la Universidad de Manizales y el Centro Internacional de Educación y Desarrollo Humano, Cinde.

Feuchtwanger sugiere que los marineros hechizados y transformados en cerdos por Circe estaban encantados por su nueva condición y resistieron desesperadamente los intentos de Odiseo por romper el hechizo y devolverles la forma humana. Cuando Odiseo les dice que ha encontrado unas hierbas mágicas capaces de deshacer el hechizo y que pronto volverán a ser humanos, los marineros –devenidos– cerdos, corren a esconderse a tal velocidad que su ferviente salvador no puede alcanzarlos. Cuando Odiseo logra finalmente atrapar a uno de los cerdos y frotarlos con la hierba milagrosa, de esa pelambre surge Elpenor, un marinero como cualquiera, insiste Feuchwanger, común y corriente desde todo punto de vista, "igual a todos los demás, ni especialmente dotado para la lucha ni notable por su ingenio". El liberado Elpenor, en absoluto agradecido por su liberación, atacó furiosamente a su "liberador":

¿Así que has vuelto, granuja entrometido, otra vez a fastidiarnos y molestarnos? ¿Otra vez a exponer nuestros cuerpos al peligro y a obligar a nuestros corazones a tomar nuevas decisiones? Yo estaba tan contento, podía revolcarme en el fango y retozar al sol, podía engullir y atracarme, gruñir y roncar libre de dudas y razonamientos: "¿Qué debo hacer, esto o aquello?" ¡¿A qué viniste?! ¿A arrojarme de nuevo a mi odiosa vida anterior?".

Parto de la consideración de que en nuestra actual condición social, el proyecto moral de la Ilustración, en clave de autonomía, tiene vigencia sólo en relación con un proyecto político, propio de sociedades más o menos democráticas, en clave de ciudadanía. En términos más puntuales: se puede aspirar a ser plenamente autónomo sólo si se está dispuesto a ejercer activamente la ciudadanía. Pero, ¿qué significa hoy ser un sujeto autónomo? y ¿qué entendemos por ciudadanía activa? No son asuntos sobre los cuales exista, precisamente, en el ámbito académico y en el mundo de todos los días, demasiado consenso.

Si el sujeto contemporáneo encuentra la mayor fuente de sus satisfacciones en su vida privada –proyectos individuales de vida, relaciones íntimas y prácticas de consumo cultural, entre otras–, entonces, ¿para qué involucrarse en asuntos públicos?, ¿por qué alguien querría fijar hoy buena parte de sus expectativas y anhelos en hacerse un 'ciudadano pleno', siendo este un asunto tan complejo y en el que, como sucede en las sociedades con democracias frágiles, como la nuestra, se corren tantos riesgos? (Vgr., incomprensión, desprestigio, estigmatización e incluso sacrificio personal). Si partimos de la optimista suposición de que el sujeto contemporáneo se interesa aún, constante e indeclinable, en romper el hechizo de Circe, ¿qué responsabilidad le atañe en ello a la escuela?, ¿le corresponde acaso asumir el papel del Odiseo de Feuchtwanger ante el ingrato Elpenor? Mucho se ha dicho acerca de que en el establecimiento de la relación autonomía-ciudadanía (ética-política) se encuentran en juego tanto ideales de libertad como apuestas de justicia. Sobre el papel que juega la escuela en el establecimiento de ese vínculo, es justamente de lo que trata este capítulo. La descripción de dos experiencias educativas distintas, casi antagónicas, nos permitirá emprender esta tarea.

1. Educar en una ciudadanía nominal: el caso del colegio *P*[28]

El colegio *P* es un colegio femenino, de carácter religioso, ubicado en un sector popular al norte de Bogotá. Esta institución cuenta

---

28. Agradezco a Dairo Sánchez Mojica su autorización para basar mis descripciones de este colegio en sus notas de trabajo de campo. Otra información complementaria fue tomada del diálogo con otros colegas y de la revisión de informes de la misma institución. Se ha preservado el anonimato del colegio para no herir la sensibilidad de los miembros de su comunidad, sobre todo de quienes han trabajado denodadamente por el bienestar de las niñas que allí se educan.

con dos secciones que funcionan en la misma jornada. La sección comercial y la sección académica. La comercial la constituyen estudiantes de extracción socio-económica baja, quienes reciben educación técnica para llegar a ser secretarias o, en el mejor de los casos, auxiliares contables. Por su parte, la sección académica cuenta con estudiantes de estratos socio-económico medio-alto y alto, quienes reciben una educación *clásica* y cuya formación se orienta a posibilitar el ingreso de la estudiantes a la universidad para cursar una carrera profesional.

Las aulas de la sección académica son especializadas para cada área (ciencias sociales, ciencias naturales, artes) y están dotadas de recursos especializados (equipos audiovisuales, materiales didácticos, etc.). La distribución espacial de estas aulas y los pupitres de las estudiantes permite y propicia la movilidad y la flexibilidad en el trabajo cotidiano. Son amplias, iluminadas y con excelente ventilación. Mientras, las de la sección comercial son pequeñas, los pupitres son dobles y los grupos, grandes, lo que obliga a que siempre estén distribuidos en cuadrícula y a que la movilidad de las estudiantes se vea claramente restringida. La iluminación de estos espacios es precaria y no se cuentan con los apoyos didácticos mínimos requeridos.

Existe un muro en el centro del patio, de aproximadamente un metro de altura, que separa las dos secciones del colegio. Este muro no sólo es una separación física sino también simbólica, pues cada sección tiene sus propias instituciones de representación formal y sus propios comités estudiantiles y de convivencia. Durante la realización de eventos deportivos, en el coliseo cada sección tiene asignadas sus graderías. Aunque las estudiantes de la sección comercial viven al norte de la ciudad (en el sector donde queda localizado el colegio), son sentadas en la gradería sur, ya que aunque sean te-

rritorialmente del norte, son simbólica y realmente del sur –sector con mayor índice, comparativo, de pobreza en la ciudad–.

El colegio *P* cuenta con dispositivos físicos y simbólicos que funcionan como indicadores de que se pertenece a una u a otra sección de la institución; es el caso del uniforme. Las estudiantes de la sección académica pueden utilizar sudadera o uniforme con falda si lo prefieren y los días que lo deseen, mientras que las estudiantes de la sección comercial tienen que utilizar el uniforme escolar siguiendo un horario cerrado y restrictivo. Otro sello distintivo lo portan las estudiantes en el uniforme mismo: los de la sección académica tiene finos acabados.

Las estudiantes de la sección comercial experimentan sobre ellas un claro ejercicio disciplinario de poder, el cual se evidencia especialmente en la inflexibilidad de las normas de convivencia y en su aplicación; en formas de interacción reguladas por la lógica de la sanción y en las permanentes formaciones en el patio. Por su parte, las estudiantes de la sección académica cuentan con una aplicación discrecional de las normas, sus faltas no suelen merecer fuertes sanciones y nunca forman en filas. Los profesores del colegio (los mismos en ambas secciones) reportan que se comportan de modo diferencial, según la sección en la que se encuentren en los distintos momentos de su jornada laboral. En la sección académica la comunicación con las estudiantes es horizontal y las relaciones suelen basarse en la confianza. Mientras que en la sección comercial las estudiantes son tratadas de forma evidentemente autoritaria y las relaciones que entablan los docentes con ellas son mucho más impersonales.

Las estudiantes interactúan poco o nada con quienes no pertenecen a su propia sección y es común que utilicen términos despectivos e hirientes para referirse a las que aquí siempre han sido y siguen siendo "las otras".

Algunas instituciones educativas se parecen mucho al colegio *P*, sólo que este colegio tiene una particularidad (otra más), y es que cuenta con una amplia experiencia en el desarrollo de innovaciones e investigaciones educativas en el campo de la formación ético-política. Difícilmente se encuentre en Colombia un colegio que haya obtenido más reconocimiento o mayor número de proyectos apoyados por instancias financiadoras de la investigación en educación. La mayoría de sus trabajos han sido sistematizados y publicados, y buena parte de la comunidad académica en este campo de la formación, los asume como fuente de inspiración; ¿cómo se explica esto?, ¿cómo puede una escuela apostarle en serio a proyectos de construcción de ciudadanía manteniendo, abiertamente, al tiempo, condiciones de discriminación y exclusión en el seno de su comunidad educativa? Bien, trataremos de encontrar alguna respuesta a estas preguntas, luego de la descripción de nuestra siguiente experiencia.

2. Educar en y para una ciudadanía activa: el caso del colegio *Q*[29]

El colegio *Q* es de extracción humilde, se encuentra ubicado en una zona marginal del municipio de Soacha, donde la estratificación socio-económica de su población prácticamente no

---

29. Agradezco a Marco Fidel Zambrano por facilitarme el contacto con esta experiencia en su trabajo en la Secretaría de Educación de Soacha (Departamento de Cundinamarca). Igualmente, agradezco a los docentes de esta institución que, en su compromiso y sentido de responsabilidad con los niños del colegio, han compartido su trabajo conmigo, en distintos momentos y mediante diferentes medios, sometiéndolo siempre a crítica y retroalimentación. He preferido mantener, también, el anonimato de esta escuela por no contar con la autorización debida para citar su experiencia. El lector interesado en obtener información más detallada, al respecto, sabrá hacer las gestiones del caso.

admite clasificación. Allí confluyen, principalmente, estudiantes de familias desplazadas por el fenómeno de la violencia social y política que se vive en Colombia desde hace ya varias décadas. El colegio reporta además altos índices de maltrato intrafamiliar y madre-solterismo.

El principal problema de esta institución escolar tiene que ver con las expresiones de violencia física de los estudiantes, entre ellos y hacia los docentes, en los propios predios del colegio: aulas de clase, patio de recreo, pasillos, baños y demás zonas comunes. Se tiene una estadística alta de niños lesionados con armas blancas. La indagación de las causas de los atentados les ha permitido a los docentes y directivos del colegio corroborar la grave situación psico-social que vive buena parte de sus estudiantes.

En concreto, se descubrió que la mayor parte de los ataques físicos entre estudiantes se debían a peleas por el robo de la merienda (alimentos para consumir en el recreo). Esto hizo que un grupo de docentes reaccionara decididamente. Se propuso, entonces, una iniciativa mediante la cual los niños podían voluntariamente compartir sus meriendas, al tiempo que se llevaba a cabo una programa de *adopción*, que consistía en que estudiantes de últimos grados debían proteger y velar por el bienestar mínimo de los niños de cursos inferiores, al menos en la jornada del colegio. Estas iniciativas, claramente insuficientes para afrontar las problemáticas de los estudiantes del colegio, tuvieron, no obstante, gran acogida entre la mayoría de los niños y entre sus padres de familia.

Una propuesta más integral, surgida en el mediano plazo, involucró a algunas madres de familia, quienes comenzaron a recibir en las instalaciones del colegio, capacitación en proyectos productivos (cocina, costura, tejido y oficios varios). Estos cursos fueron dirigidos, la mayoría de las veces, por los mismos docentes. El trabajo

con este grupo de madres contempló, también, información básica y reflexión permanente sobre la aplicación de correctivos distintos a la violencia física y verbal ejercida sobre estos niños.

La gestión de las directivas del colegio, de entregar refrigerios escolares a todos los niños, ante las instancias gubernamentales correspondientes; la creación de un programa de almuerzos para los más necesitados; la participación de madres de familia desempleadas en la preparación de los alimentos y en la co-administración del restaurante escolar, fueron algunos de los pasos que completaron lo que a estas alturas tomaba ya la forma y el nombre de *Proyecto de formación democrática* del colegio *Q*.

Los problemas estructurales que viven estos niños, sus familias y la gente de la zona que habitan, seguramente no se van a resolver, ni mucho menos, con este proyecto, pero, entre tanto, sus vidas han sido menos infelices y ha sido posible ganarle espacio a la esperanza, pues según testimonios de los mismos niños, la escuela les ofrece ahora protección, cariño y solidaridad.

En el colegio los niveles de deserción han bajado de forma significativa, por supuesto que esto se debe principalmente a razones de subsistencia, sin embargo, los docentes destacan también un interés creciente de los estudiantes por hacer sus tareas, por involucrarse en actividades académicas, por aprender.

Algunas instituciones educativas se parecen mucho al colegio *Q*, y aunque este colegio ha obtenido apoyos especiales en su municipio y su experiencia ha sido presentada en varios foros educativos, no tiene, ni mucho menos, la reputación del colegio *P*, no ha obtenido premios especiales, ni ha contado con la debida financiación para el desarrollo de sus iniciativas.

Las formas de entender y asumir la ciudadanía en los colegios *P* y *Q* son claramente distintas, y muchos los matices y variables de las instituciones que se les parecen, sin embargo, estas experiencias describen también polaridades inocultables. He querido llamar al tipo de ciudadanía promovido en el colegio *P*, ciudadanía nominal y al tipo de ciudadanía construida en el colegio *Q*, ciudadanía activa.

Para contrarrestar el riesgo de hacer identificaciones gratuitas, quisiera hacer un par de aclaraciones: en primer lugar, las descripciones de los colegios *P* y *Q* destacan características modélicas a efecto de ilustrar nuestra reflexión. Un análisis más detenido de las dinámicas cotidianas de estos colegios y de las intenciones y visiones de sus actores, permitiría dar cuenta de sus tensiones constitutivas, del peso que tiene su historia institucional, de sus demandas actuales; en segundo lugar, la *ciudadanía* es un constructo teórico e histórico, una manera de ser en sociedad, una idea política reguladora, por tanto, no hay ciudadanías buenas y ciudadanías malas, aunque las pueda haber insuficientes –de limitado alcance– o ideales –pretendidas y en tensión permanente– frente a las necesidades reales de sujetos políticos concretos.

Mientras el colegio *P* pretende formar ciudadanos –en este caso ciudadanas– hábiles en el juego de la argumentación y de la representación política, creando y manteniendo diversos comités estudiantiles y ministerios escolares, el colegio *Q* le apuesta a la formación de ciudadanos participativos, solidarios e incluyentes. Esto, por supuesto, en consideración no tanto frente a lo que se enuncia, sino más bien a lo que efectivamente se hace en el mundo de todos los días.

No es que el colegio *P* esté haciendo mal todo lo que hace (ya se señaló antes que es un modelo en el uso de formas y mecanis-

mos de representación estudiantil), simplemente, lo que hace es claramente insuficiente frente a lo que tendría que hacer, esto es, frente al orden de injusticia que a-críticamente reproduce. El énfasis está puesto, entonces, en una democracia formal-institucional y en una ciudadanía puramente nominal, por ello no logra legitimar internamente sus relaciones de poder y no se obtiene adentro el reconocimiento ganado afuera.

Menos interesado en asuntos de prestigio institucional, el colegio *Q* construye un discurso político a partir de lo que poco a poco se ha logrado con la participación de todos. El énfasis está puesto, entonces, en la vivencia cotidiana de acciones democráticas –justas, incluyentes, solidarias– y en el ejercicio activo de la ciudadanía –compromisos, decisiones y acciones individuales y colectivas en asuntos que a todos atañe–; por ello en la escuela son menos comunes los problemas con la legitimidad del poder que allí se ejerce y sus actores valoran y reconocen cada logro alcanzado.

La experiencia indica que situaciones como la del colegio *P* logran mantenerse y reproducirse en el tiempo con relativa facilidad, por la legitimidad que otorga el reconocimiento externo, pero, sobre todo, por una especie de inercia institucional que a fuerza de costumbre invisibiliza la desigualdad, silencia la autocrítica y naturaliza la injusticia social. Por su parte, casos como los que ejemplifica el colegio *Q* suelen tener menos perdurabilidad, de hecho, se generan a contracorriente de la lógica burocrática que caracteriza este orden institucional, dependen demasiado de la presencia en la escuela –entusiasmo y tenacidad– de los gestores de la propuesta y son muy vulnerables frente a la eventual pérdida de los apoyos externos conquistados.

Una aproximación a las distintas formas de entender la ciudadanía y la formación ciudadana en la escuela, quizás pueda complejizar

y esclarecer la distinción sobre la cual venimos trabajando –entre ciudadanía nominal y ciudadanía activa– y, a la vez, ayudarnos a entender en qué sentidos –morales y políticos– resulta mucho más justificable la segunda experiencia descrita que la primera.

3. Ciudadanía y formación[30]

Entiendo la ciudadanía como la condición política que nos permite participar en la definición de nuestro propio destino; algo que o bien se acata o bien se ejerce. Acatar la ciudadanía significa, al menos, tener conciencia de que se hace parte de un orden social e institucional que se encuentra regido por normas de convivencia que nos cobijan a todos, como individuos y como parte de grupos sociales específicos con los cuales podemos o no identificarnos. Al acatar la ciudadanía nos hacemos partícipes de una idea de *ciudad* articulada social e históricamente.[31] El acatamiento de la ciudadanía implica una comprensión básica de las costumbres, valores, tradiciones, formas de interacción e intercambio simbólico del lugar que habitamos. Ello a la vez constituye el fundamento de la civilidad.

Ser titular de derechos, vivir en un régimen que se declara democrático, respetar en general las normas y las leyes de la Constitución Política, tener edad para votar en elecciones parlamentarias, son condiciones formales para la ciudadanía, pero no garantizan su

---

30. Algunas de las reflexiones del presente acápite se encuentran en el libro que hice con Enrique Chaux, *La formación de competencias ciudadanas* (2005); el contacto reciente con las experiencias educativas narradas en los ítems anteriores, le cambió el contenido y el sentido a la versión final del documento.

31. Aquí el término "ciudad" no se refiere a grandes centros urbanos, sino de forma particular al sitio que habitamos y en el que establecemos y mantenemos relaciones interpersonales, y en un sentido más amplio se refiere al pueblo o nación del cual somos ciudadanos.

ejercicio. Razón por la cual deben reconocerse a los menores de edad, a los grupos sociales históricamente excluidos, a los homosexuales y a los extranjeros no nacionalizados, derechos civiles y políticos que les permitan ser tratados plenamente como ciudadanos y sólo en algunos casos –cuando ello les represente algún tipo de beneficio o de compensación social– como ciudadanos en condiciones especiales (Vgr. Personas en condición de desplazamiento forzoso, minorías étnicas, refugiados políticos, asilados e inmigrantes, entre otros).[32]

Ser ciudadano activo, por otra parte, significa ejercer con sentido de responsabilidad un rol político, que en buena medida se define en la participación de proyectos colectivos en los que se hace tangible la idea de la construcción o reconstrucción de un orden social justo e incluyente.

Se pueden reconocer dos formas genéricas y complementarias de ejercer la ciudadanía: una defensiva y otra propositiva. Se ejerce defensivamente la ciudadanía cuando, por ejemplo, se participa pacíficamente en la reclamación, demanda o exigencia de derechos amenazados o efectivamente violados ante instituciones legal y legítimamente constituidas –tales como tribunales de justicia–.

---

32. El reconocimiento de las diferencias exige a quienes detentan el poder, en momentos históricos determinados, no sólo llevar a cabo una valoración subjetiva de la diversidad de formas de vida presentes en otros grupos sociales (particularmente de los que se encuentran en desventaja), sino principalmente, dar respuesta a las exigencias políticas y a las necesidades fundamentales de los grupos minoritarios. Iris Young (1989: 258) denomina *ciudadanía diferenciada* a la manera como el individuo que hace parte de un grupo social particular, requiere incorporarse a la sociedad política amplia. Esta incorporación implica la defensa de la pertenencia a través del derecho a realizar prácticas sociales vinculantes (de carácter religioso, comunitario, etc.), pero también a través de reivindicaciones políticas y del aumento de su capacidad de autogobierno. En suma, significa orientar su trabajo hacia la superación de las desventajas.

Se ejerce propositivamente la ciudadanía cuando se participa en acciones pacíficas de reforma política y/o normativa para eliminar injusticias o para ampliar las condiciones de equidad social.

Las formas defensivas y propositivas de ejercer la ciudadanía suelen cruzarse a menudo de tal manera, que muchas veces se hacen indistinguibles. Tal es el caso de algunas acciones de tutela[33] a través de las cuales la defensa de derechos fundamentales de individuos específicos define formas de proceder que nos orientan a todos y que se proyectan al beneficio común. La solicitud de un estudiante ante un juez de la República para que el Estado tutele su derecho a la educación ante la decisión de las directivas de su colegio de expulsarlo injustamente, es un buen ejemplo de formas a la vez defensivas y propositivas de ejercer la ciudadanía en la escuela. Es defensiva, debido a que busca la defensa y protección de un derecho constitucionalmente amparado, y es propositiva porque produce un mensaje para las instituciones y para la sociedad en general, respecto

---

33. La Acción de Tutela es un mecanismo que cualquier persona en Colombia puede usar para solicitarle a un juez la protección rápida y efectiva de sus derechos fundamentales, cuando estos son amenazados o violados por una autoridad pública o por particulares (Véase la Constitución Política de Colombia, artículo 86; decreto 2591 de 1991; decreto 306 de 1992). Otros mecanismos de mediación judicial a los cuales la ciudadanía puede recurrir según el tipo específico de riesgo de vulneración de derechos o situaciones de corrupción, son: la Acciones de cumplimiento (Constitución Política, artículo 87), la Acción Popular (Constitución Política, artículo 88) y la Denuncia (Código de procedimiento penal y código penal). Existen también herramientas jurídicas que se orientan a facilitar el intercambio de información entre la administración y la ciudadanía, éstas son: el derecho de petición (Constitución Política, artículo 23), la Audiencia Pública (Constitución política, artículo 273) y la Consulta Previa (Constitución Política, artículo 20). Quiero insistir en la importancia de promover en las instituciones educativas, en general, el estudio de la Constitución, y en particular, el de este tipo de mecanismos y procedimientos. Igualmente, sugiero desarrollar debates en el aula sobre cómo valerse adecuadamente de dichos mecanismos. Una descripción detallada, a este último respecto, se encuentra en el documento citado como *Alcaldía Mayor de Bogotá* (2000).

de cómo proceder en el futuro a fin de tomar decisiones justas y actuar de acuerdo con las normas constitucionales.

Ejercer la ciudadanía en la escuela significa que sus actores, esto es, los estudiantes, padres de familia, directivos, docentes y trabajadores, participen activamente en la regulación de la vida social en el contexto escolar, respetando y acatando el orden legal y normativo que cobija y orienta las interacciones en la escuela (nos referimos aquí a los Derechos Humanos, a la Constitución Nacional, pero también al manual de convivencia y a las normas que se construyen en el aula y en la escuela). Ejercer la ciudadanía en la escuela significa también utilizar, cuando así se considere necesario, los mecanismos y procedimientos que garantizan la defensa y promoción de los distintos marcos normativos mencionados, tanto los que pueda proveer la escuela (Vg. procedimientos para la mediación y resolución de conflictos), como aquellos mecanismos que constitucionalmente amparan a todos los ciudadanos (Vgr. Acción de Tutela).

Pero el ejercicio de la ciudadanía en la escuela y desde la escuela hacia los demás ámbitos públicos, requiere de formación política. El compromiso que las instituciones educativas –directivos y maestros– están o no dispuestas a asumir al respecto, es determinante no sólo para la vida de los estudiantes sino también para el futuro de nuestra sociedad.

Una escuela centrada en la formación política de sus actores ha de distinguir, al menos, dos niveles del desarrollo pedagógico de la ciudadanía: el primero se refiere a la educación cívica o civilidad, y el segundo, a la educación ciudadana. La educación cívica consiste, primordialmente, en el aprendizaje de la estructura y el funcionamiento de las instituciones y procedimientos de la vida política, y al cumplimiento de pactos sociales. Aquí no se trata simplemente

de tener buenos modales o de "ser bien educado"; implica un compromiso con la no discriminación y un auténtico respeto por las diferencias. Para Kymlicka (2001: 261), "la auténtica civilidad no significa sonreír a los demás sin que te importe cómo te maltratan […] Significa, más bien, tratar a los demás como iguales con la condición de que aquellos lo hagan también contigo".

Pero incluso, si se es objeto de maltrato, esto no legitima el derecho a responder de la misma manera. En la formación de la civilidad, el *debido respeto* por el otro y el reconocimiento y aprecio de la diversidad permiten contrarrestar la idea de que en la escuela y en la sociedad todos tienen que expresarse de manera homogénea, lo cual tiene poco o nada que ver con la idea de la igualdad.

La educación ciudadana, por su parte, propicia la reflexión intencional sobre las finalidades y límites de la esfera política, implica el desarrollo de la capacidad deliberativa y la preparación para la participación responsable en procesos sociales y políticos. Si una persona o grupos de personas no pueden participar en la crítica a las instituciones sociales y en su mejoramiento, incluyéndose aquí la escuela misma, no puede hablarse propiamente de una educación ciudadana. En un sentido jurídico, la ciudadanía implica que la persona es portadora de derechos, mientras que en un sentido político la ciudadanía se entiende como una práctica (Zapata, 1997: 70), de esta manera se diferencia entre la ciudadanía en sentido nominal,[34] como la representada por la escuela *P*, y la ciudadanía en

---

34. La ciudadanía nominal es la condición política que el Estado otorga a una persona con base en un criterio jurídico-legal. De esta manera, el derecho a participar, por medio del sufragio universal, en la elección de un gobernante, requiere –en la mayoría de los países democráticos– ser nacional del país en que se ejerce el derecho al voto, tener 18 años cumplidos o más y un documento que lo constate. Sin embargo, la ciudadanía nominal no garantiza querer ejercer tal derecho o participar activamente en la construcción de la sociedad.

sentido activo, como la que representa la experiencia de la escuela *Q*. La educación ciudadana propende por ambas, pero sobre todo se orienta a la formación de la segunda, si lo que la inspira es la idea de participar en la construcción de un sistema y una sociedad democrática.[35]

La ciudadanía se da en la inclusión y en la integración social. Una institución educativa que estigmatiza, somete y humilla a sus miembros impide la consolidación de un proyecto democrático, por más que el documento de su Proyecto Educativo Institucional y el discurso de los actores de la escuela estén llenos de buenas intenciones. La educación –se supone– permite, en principio, la integración de todas las personas a la sociedad y la posibilidad de construir sus proyectos de vida y de respetar sus orientaciones de valor.[36] "La educación –señala Giddens (2001: 83)– ha de ser rede-

35. Para Carlos Thiebaut (1998: 278 y s.s.), lo que denominamos sistema democrático se concreta en tradiciones políticas de diverso orden, que suelen encarnar, al menos, dos tipos de instituciones: "La de los ciudadanos dotados de derechos (aquello que en la tradición liberal se refiere a la autonomía privada de los sujetos) y la de participación de todos en la esfera pública (aquello que, desde la tradición republicana y democrática, apunta a la colectiva autonomía pública de los ciudadanos). Por su parte, las instituciones nucleares del sistema democrático se refieren a la división de poderes, a los controles entre ellos, a diversas formas de elecciones por sufragio universal, a un poder legislativo electo, etc.".

36. Para Agnes Heller, la tarea principal de una sociedad es la construcción de una ética cívica basada en la formación de virtudes. Las virtudes son rasgos del carácter que se adquieren con la práctica y que son considerados ejemplares por una comunidad de personas. Sin embargo, a pesar de que las virtudes se suelen comprender en consideración del sistema de valores vigente en cada época, ello no sucede en todos los casos: "Cuando la jerarquía es un valor, la humildad y la obediencia ciega son virtudes. Cuando la igualdad es un valor, ya no existen virtudes sino vicios. Ciertos vicios y virtudes son constantes. Su constancia indica que están relacionados con ciertas formas constantes de asociaciones y relaciones humanas que siempre se consideran valiosas. La generosidad está generalmente considerada un rasgo de carácter virtuoso, al igual que la justicia. La envidia, la vanidad, el rencor o la adulación, se consideran generalmente vicios" (Heller, 1998: 219-220).

finida para focalizarse en facultades que los individuos sean capaces de desarrollar a lo largo de la vida".

Puede hablarse de ciudadanía incluyente sólo si hay mecanismos, procedimientos, instrumentos y espacios de participación libres de coacción (entendida ésta como negación del otro y como anulación de su capacidad de elección), si se fomenta el debate público sobre los asuntos que afectan los intereses vitales de los actores en la escuela y si la autoridad del mejor argumento puede desplazar al criterio de quien ejerce el poder e impone arbitrariamente su voluntad. Y esto aplica no sólo a las relaciones adulto-niño o profesor-estudiante, sino también a las relaciones entre pares, las cuales muchas veces se establecen de manera desequilibrada, pudiendo generarle mucho daño a todos los involucrados. Un ejemplo de esto son las relaciones de intimidación, en las que uno o varios estudiantes maltratan constantemente a un compañero, ante la mirada pasiva o permisiva de los otros.

Una de las tareas de mayor responsabilidad que asume la escuela cuando se encuentra comprometida con la formación ciudadana, es la creación y/o fortalecimiento de la sociedad civil.[37] La carencia

---

37. Para Charles Taylor (1997: 273) "la sociedad civil existe donde la sociedad como conjunto puede estructurarse por sí misma y coordinar sus acciones a través de asociaciones libres [...] podemos hablar de sociedad civil donde quiera que el conjunto de asociaciones puedan determinar o modular significativamente el curso de la política estatal". Esto hace que la visión abstracta de la sociedad civil se aterrice en prácticas sociales reconocibles en su dimensión pública: la acción de las organizaciones no gubernamentales funcionando en forma de redes de apoyo, las reivindicaciones sociales o laborales de movimientos sociales, así como las peticiones o exigencias de minorías organizadas dan vida propia al concepto de sociedad civil y hacen comprensible su dinámica (Ruiz, 1999b: 271; Marchesi y Sotelo (2002: 184) enfatizan que para que exista una colectividad civil fuerte son necesarios valores compartidos y el reconocimiento de derechos y deberes por parte de todos los ciudadanos).

de una sociedad civil activa y deliberativa no habla a favor de un Estado legítimo. Contrario a ello, cuando la sociedad civil tiene un rol protagónico en la construcción de un proyecto de nación, la sociedad se hace más democrática y el Estado más legítimo, además del invaluable complemento que ello representa en sus funciones y tareas. Entendemos, por tanto, que una escuela que orienta su proyecto hacia la formación de sujetos políticos, ciudadanos participativos y propositos, contribuye, en serio, a la construcción de un orden social justo e incluyente.

A través del tiempo, la educación ciudadana ha mantenido y actualizado el reto de construir sistemas sociales justos.[38] En nuestra época, esto significa que los niños y jóvenes expresen o desarrollen una preocupación particular por quienes no se encuentran incluidos y para quienes la justicia es apenas una aspiración.[39] Es importante que los estudiantes comprendan la enorme complejidad que encierran las relaciones entre conocimiento, ideología y poder, y la manera como el conocimiento es usado por muchos como mecanismo de

---

38. Tal y como lo ejemplifica el debate actual sobre *ciudadanía* social, se hace necesario enfrentar la contradicción entre igualdad política y desigualdad social. Al disminuirse las condiciones de exclusión económica (derechos sociales: trabajo, educación, etc.) a las que están expuestos o sometidos amplios sectores de la sociedad, se expanden también las posibilidades de ejercicio de la ciudadanía. Véase el trabajo de Javier Peña (2000) dedicado en buena parte a la discusión de este problema.

39. Desde la perspectiva pedagógica de Henry Giroux (1992: 213 y ss.), la racionalidad se entiende como una estructura conceptual que media las relaciones entre las personas –tanto individual como colectivamente–, que define su orientación ideológica no solamente a partir del tipo de cuestionamientos que explicita, sino también del tipo de preguntas que es incapaz de plantear. Por tanto, así como un tipo particular de racionalidad –técnica– legitima el *statu quo*, otro tipo de racionalidad –emancipatoria– impulsa transformaciones sociales y cambios culturales.

dominación.[40] De esta manera, se puede propiciar un abordaje comprensivo y crítico del mundo escolar, de sus pretensiones formativas y de sus apuestas políticas.

Los conflictos que se producen en la escuela y que en buena medida son el resultado de la tensión entre autoridad y autonomía, también se producen en las relaciones de la escuela con las demás instituciones sociales, a partir, principalmente, de las exigencias que éstas le plantean a aquella. Así, la tensión que se genera entre los actores de la escuela, especialmente entre algunos adultos frente a la participación de los estudiantes en la construcción del manual de convivencia, es similar a la que se genera en las familias a partir de la progresiva conquista de la autonomía de los hijos, esto es, al tiempo que se promueve la capacidad de autodeterminación en los niños y jóvenes, se prescribe cómo es que estos deben lograrlo, lo cual resulta claramente problemático.

La valoración positiva del punto de vista del estudiante es propia de una educación ciudadana orientada por enfoques pedagógicos aperturistas. Una escuela aperturista se distingue de otra que no lo es y que no desea serlo, en que la primera le apuesta a la formación de ciudadanos autónomos, tolerantes y solidarios como parte de su proyecto político-pedagógico, mientras que la segunda abandona intencionalmente o deja al azar la responsabilidad civilista de la cohesión social que se supone debe cumplir toda institución en un sistema democrático. No resulta igual para una sociedad tener ciudadanos que desarrollen competencias para cuestionar aquello que les parezca injusto y que busquen transformarlo por vías pacíficas y democráticas, que tener personas dispuestas sólo

---

40. C. Cherryholmes (1980) considera que el estudio de estas relaciones históricamente ignoradas pasa por la problematización de la condición de clase social y del modelo económico hegemónico.

a asumir el rol de consumidor pasivo y reproductor cultural. La pregunta que no se formula en este último caso, pero que resulta necesaria para toda institución educativa, es: ¿Qué competencias y conocimientos requieren los actores de la escuela para contribuir –de forma individual y colectiva– a la construcción de un orden social justo y equitativo?

Cualquier intento para dar cuenta de esta pregunta implica atender las dimensiones normativas y políticas de las relaciones maestro-estudiante y de las relaciones entre estudiantes –sobre todo cuando hay desbalance de poder, agresión y maltrato– y en las demás instancias y espacios educativos; implica, también, rehacer la relación que unos y otros establecen con el conocimiento en un reto que podría permitirle al estudiante transitar de un modelo de imposición y repetición de contenidos a procesos de construcción social guiados por la iniciativa individual y colectiva, y por la creatividad. Ésta es también la vía del pensamiento crítico y del diálogo constructivo en las escuelas.

El análisis de la estructura política de la escuela y de las relaciones sociales en el aula puede orientarse, igualmente, a una reflexión más amplia sobre el funcionamiento de la sociedad, a una mirada detenida a la Constitución Política, a la estructura del Estado y sus relaciones con la sociedad civil. A una reflexión pedagógica de la formación ciudadana le viene bien centrarse en el valor de la pregunta, en su capacidad de apertura y en los vínculos afectivos, sociales y políticos que se pueden fortalecer en la comunicación, en el diálogo.

El estudio y la discusión de las complejas relaciones entre escuela-Estado-sociedad permiten problematizar el papel que desempeñan y han desempeñado en el orden social las distintas prácticas sociales e ideologías políticas, los modelos de crecimiento económico y las

opciones de desarrollo humano. Todos los esfuerzos por comprender históricamente la configuración de estos factores, sus relaciones y formas de expresión, pueden contribuir a dotar de nuevos sentidos la cotidianidad de la escuela y a significar la experiencia de cada uno de sus actores.

Sin embargo, tal y como se expuso al comienzo, no hay forma de saber si lo que se hace en la escuela en la formación de ciudadanos activos pueda tener un verdadero impacto en el futuro de nuestra sociedad política. Podemos apostar por ello, lo que implica tener que enfrentar el asunto de la formación moral, y esto no es posible si los sujetos, formadores y en formación, no sienten la necesidad de autonomía y si no están dispuestos a reconocer en sí mismos un sentido de humanidad.

Las experiencias de los colegios, presentadas en este capítulo, nos muestran que los asuntos de la formación ético-política tienen que ver no sólo con el acceso a conocimientos, mecanismos y procedimientos para el ejercicio de la ciudadanía, sino también con querer darse cuenta de lo que se necesita hacer en consideración del otro y actuar en consecuencia. Entre el hechizo de Cirse y la voluntad de Odiseo nos corresponde a nosotros, ciudadanos en permanente formación, enfrentar nuestras propias vicisitudes, sin hierbas mágicas y con la convicción de que nuestro destino no está escrito y definido desde tiempos inmemoriales, con el deseo y la voluntad de asumir los riesgos, las responsabilidades, pero también las ilusiones propias de nuestra condición humana.

Capítulo III

Problemas constitutivos
de la convivencia escolar

El caso de la escuela pública en Bogotá[41]

La *democratización de la escuela* puede ser sólo un eslogan para justificar una política pública en educación, promovida por una instancia gubernamental para tomar distancia de anteriores administraciones y crear su propio sello distintivo de la "manera como se deben hacer las cosas". El riesgo que se corre, en este caso, es el de no trascender el eslogan mismo y producir en los actores de la escuela escepticismo y frustración. Pero el eslogan puede ser de gran valor si se articulan acciones institucionales que propicien el verdadero desarrollo de la democracia en la escuela, lo cual exige la transformación de las prácticas educativas, de sus formas de disciplinamiento y control, y del tipo de relaciones que allí establecen sus actores –docentes, estudiantes, padres de familia, comunidad–, en suma, si se logra impactar favorablemente los procesos de convivencia escolar.

---

41. Este capítulo fue realizado en colaboración con Dairo Sánchez Mojica (siendo éste aún estudiante). El desarrollo del estudio, pero, principalmente, la construcción conjunta de las distintas versiones del texto, se convirtió en una valiosa experiencia de formación y autoformación.

En el *Estado del arte en la formación ética, valores y democracia* (Hoyos, 2001) se invita a revisar nuestro sistema educativo y nuestra práctica pedagógica, con la intención de ser cada vez más consciente de la íntima relación existente entre la educación y el ejercicio de la democracia, de un lado, y de la acción de la sociedad civil y el ejercicio de la ciudadanía política, por el otro, inclusive bajo el fuego y en momentos de guerra como los que se viven en Colombia. De esta manera, se enfatiza en la función de las ciencias sociales y la pedagogía, que para el caso deberían encaminarse, sin perder rigor, a señalar aquellos aspectos que permitan a la escuela orientar la acción para la convivencia pacífica y para el ejercicio de una ciudadanía incluyente.

Al analizar los problemas de la convivencia y la democracia en la escuela, conviene realizar un análisis a fondo sobre lo que implica la constitución de lo educativo para la conformación de la democracia en nuestra sociedad. Para Mejía y Restrepo:

"La violencia se actualiza siempre por la cultura y las mentalidades que la expresan, pero la cultura no es una fatalidad, porque es de su esencia el poder transformarse [...] Se trataría, en efecto, de pensar que la educación, en su conjunto, pudiera concebirse como un poder público, del mismo talante que los otros poderes que la Constitución reconoce. Por tanto, con el mismo grado de autonomía e interdependencia que ella les asegura" (1997, 240-241).

No todo tipo de convivencia en la escuela es democrática o propicia relaciones democráticas. Se puede convivir con otros en condiciones aparentemente pacíficas –en ausencia de violencia física–, en escuelas en las que existe un sometimiento a una autoridad incuestionable e infranqueable. Sin embargo, esto no garantiza una auténtica convivencia pacífica, entendiéndola como el reconocimiento de autoridades legítimas y legitimadas permanentemente en la escuela, el sostenimiento de relaciones de respeto mutuo, actuaciones de solidaridad e inclusión, y la existencia de alternativas racionales (dialógicas, orientadas hacia el entendimiento) para la resolución de conflictos.

El sometimiento a una autoridad naturalizada por el poder diferencial que detenta el adulto sobre el niño o sobre el joven en la escuela, puede fácilmente ser causa de frustración y resentimiento, mientras que el acatamiento voluntario de los acuerdos y normas en cuya formulación se ha participado directamente, genera posibilidades de identificación con causas comunes y de legitimación de una autoridad que sostiene lo pactado y vela por su cumplimiento. En la medida en que la autoridad se des-dogmatiza, la convivencia pacífica se posibilita. Al respecto, Aguilar y Betancourt (2000: 25-28) afirman:

"[…] la apuesta por una acción comunicativo discursiva (en el sentido habermasiano) podría configurar un elemento definitorio en la construcción de la cultura escolar democrática (...) –los estudios de caso– de las experiencias educativas han mostrado que la escuela puede potenciar nuevas formas de escritura, nuevos lenguajes y modos de expresión como manifestación de prácticas democráticas que requieren de la multiplicación de las interacciones comunicativas".

Es importante enfatizar el reto que tiene la escuela en Colombia de plantearse la pregunta por la convivencia escolar de manera situada, esto es, teniendo en cuenta las características específicas de cada contexto escolar, sus modalidades de organización, las necesidades de sus actores, las formas de comunicación que estos privilegian y las expectativas de futuro que se permiten proyectar.

La convivencia en la escuela no puede seguir siendo pensada simplemente como un proceso de socialización o como posibilidad de relacionamiento más o menos pacífico entre sus distintos actores sociales. Por supuesto que la convivencia tiene que ver con todo ello, pero principalmente define un horizonte político, la mayoría de las veces trasparentado en los manuales de convivencia y en las formas de administración de justicia que se producen en los contextos educativos. La dimensión política en la convivencia escolar tiene que ver, fundamentalmente, con la significación de lo público, es decir, con la valoración de aquello que se considera un *bien común*. Por ello, las formas de convivencia no pueden ser "dictadas" o prescritas: deben ser discutidas, problematizadas y acordadas.

"Del hecho de que las personas únicamente lleguen a convertirse en individuos por la vía de la socialización, se deduce que la consideración moral vale tanto para el individuo insustituible como para el miembro *–de una comunidad–*, esto es, une la justicia con la solidaridad. El trato igual es el trato que se dan los desiguales que a la vez son conscientes de su copertenencia". (Habermas, 1999: 72).

De manera genérica, queremos destacar dos formas de dar cuenta de los procesos de convivencia en la escuela, que son:

- La estrategia descriptiva
- La intención propositiva

En la primera forma, se caracteriza, se tipifica y se narran los modos de interacción y comunicación de los sujetos sociales de la escuela, esto es, las formas de expresión que se legitiman, la manera como se producen y resuelven los conflictos, las relaciones de poder entre las figuras de autoridad y los estudiantes, las jerarquías sociales, los liderazgos académicos, deportivos, etc., en suma, se entiende que la convivencia escolar tiene una ocurrencia en el tiempo, un desenlace

natural que depende de las circunstancias personales de quienes interactúan. Bajo esta perspectiva, los procesos de convivencia no pueden ser intervenidos más allá de lo determinado en la estructura curricular y en las formas de disciplinamiento habituales en la escuela.

Lo que aquí se denomina *intención propositiva* se entiende, por el contrario, como el resultado de la intervención pedagógica intencional de los procesos de convivencia. Aquí las formas de comunicación e interacción de los actores escolares son susceptibles de reflexión, discusión y definición colectiva. La convivencia es objeto de observancia, lo que la convierte en un asunto de interés compartido –*público*–, y se entiende que la participación de las distintas personas en la manera como se está dispuesto a ocupar el espacio escolar, las actividades que se privilegian –académicas y vivenciales–, la manera como se toman decisiones (quiénes son tenidos en cuenta, qué intereses se destacan sobre cuáles), definen la dinámica social y académica en la escuela, y la orientación ético-política a seguir. El punto de vista que se desarrolla en este capítulo es, en buena medida, un intento de adscripción a esta segunda perspectiva de análisis.

A continuación presentamos un análisis de la convivencia escolar, según la visión que sobre ella configuran docentes, directivos y estudiantes de distintas instituciones educativas públicas de Bogotá.[42]

---

42. El trabajo empírico que sirve de base a las reflexiones aquí presentadas fue realizado en el segundo semestre del 2004, con el auspicio de la Secretaría de Educación de Bogotá y la coordinación de la Fundación Cepecs. Los testimonios que ilustran y sustentan nuestro análisis fueron tomados –y seleccionados– de distintas sesiones de trabajo: talleres, visitas a colegios y entrevistas realizadas a un número aproximado de ciento veinte (120) personas, entre docentes, directivos y estudiantes de 14 colegios públicos de Bogotá. Con el objeto de que el lector ubique la procedencia general –acaso generacional– de cada testimonio, con la letra "D" se representa, en este texto, los discursos, opiniones, argumentos o narraciones de los docentes, mientras que la letra "E" distingue a los estudiantes.

Según nuestra interpretación, tales visiones están configuradas por una estrecha relación entre concepciones, vivencias y territorios de la convivencia escolar, esto es, por las ideas y creencias que giran en torno suyo, por las experiencias y prácticas cotidianas de los actores de la escuela, y por los espacios físicos y simbólicos en los cuales discurren sus relaciones e interacciones.

1. Concepciones sobre la convivencia escolar

Las concepciones son una suerte de construcciones mentales, creencias y perspectivas de carácter colectivo que circulan, se distribuyen y organizan, para el caso, en los imaginarios de los actores escolares. En este sentido, las concepciones sobre la convivencia escolar se constituyen como *redes de significados* que, de una u otra forma, perfilan la manera como en la comunidad educativa rondan principios tácitos de orientación sobre *lo que debería ser* la convivencia y sobre cómo resolver los problemas cotidianos que se presentan en la vida escolar.

Tales redes adquieren el carácter de *horizonte común de sentido* y hacen parte de una dimensión anónima de la cultura escolar: las concepciones sobre la convivencia escolar constituyen el currículo oculto. Ahora bien, en cuanto tal, el currículo oculto no es producto de la reflexión, de la manera como se ordenan explícitamente los fines de la convivencia, es más bien el resultado de aquello que precede a toda reflexión, esto es, una esfera de sentido que *está ahí* dada en el *mundo de la vida* escolar en todo momento, que deambula por los pasillos, que ingresa en las aulas y deviene en los momentos de recreación. Así, las concepciones hacen parte de la opinión pública, de lo que se dice en una charla informal, de lo que todos saben y han incorporado a sus formas de ver y sentir la escuela.

En las concepciones sobre la convivencia escolar confluyen y divergen afectos, deseos, anhelos e ideas sobre la manera como deberían relacionarse los actores escolares entre sí, sobre cómo debería estar distribuido el poder en la organización escolar, sobre la mejor forma de resolver los conflictos que se presentan en el día a día y sobre las relaciones escuela-comunidad. En concreto, podríamos decir que en las concepciones escolares sobre la convivencia toman forma los sueños de una vida basada en la *responsabilidad compartida*[43] por los diferentes actores escolares. El principal propósito de este apartado es sacar del anonimato dichas concepciones y, por lo tanto, develar la complejidad que comporta la red de significados que se tejen en el mundo escolar. La atención del ejercicio analítico se centró en identificar campos semánticos que permitieran descubrir tanto visiones compartidas como peculiaridades en la manera de comprender la convivencia en la escuela. De tal suerte, se identificaron concepciones sobre la convivencia escolar en los siguientes campos semánticos:

- Principios que orientan la convivencia escolar.
- Requerimientos para la construcción de la convivencia escolar.
- Legitimación de las normas.
- Resolución de conflictos.
- Representaciones sobre la democracia.
- Emergencia de los derechos humanos.

---

43. En los capítulos iniciales de este libro, basándome principalmente en la perspectiva apeliana, he descrito una *ética de la responsabilidad compartida* o de *la corresponsabilidad,* como una apuesta, como una visión prospectiva para la sociedad contemporánea, pero también como un enfoque viable para las instituciones sociales concretas que, como la escuela, requieren de una plataforma normativa en la que se reconozca a todos sus actores, se respete sus diferencias, se pondere y promueva la participación y se creen procedimientos y mecanismos de inclusión.

En el campo denominado *principios que orientan la convivencia escolar* se agrupan las concepciones de estudiantes y maestros que apelan a directrices o principios que permiten o permitirían la construcción de ambientes de convivencia democráticos en los centros educativos. Uno de estos principios es el de reconocimiento de las diferencias. Para poder construir un ambiente de convivencia en la escuela se hace imperativo reconocer los intereses, expectativas y anhelos de cada uno de sus actores. Se configura así la idea de alteridad –entendida como respeto mutuo–, en franca oposición a la pretensión de homogenizar el comportamiento de los estudiantes en los espacios del aula y en las demás instancias institucionales. El reconocimiento de las diferencias implica la valoración de las formas de expresión –especialmente estéticas– de estudiantes y docentes, las cuales a su vez se constituyen en formas propias de elección y de ejercicio de la libertad. De este modo, la escuela puede convertirse en un espacio de *encuentro cultural y político* para la convivencia, y en el fundamento de la relación formación-expresión-libertad.

El reconocimiento de las diferencias supone una actitud de permanente cuidado del otro, una preocupación por conocer y comprender las formas de realización existencial de los actores que con*viven* en la escuela. Esta es, por supuesto, una pretensión alternativa a la convivencia escolar signada por la indiferencia frente a las posibilidades y requerimientos del otro, y por el abandono tácito de vínculos afectivos y éticos. Es también una alternativa a la idea según la cual la convivencia es algo que se produce de forma natural, y de que las personas de una u otra manera aprenden a respetarse unas a otras, razón por la cual no es necesario hacer nada al respecto.

Ahora bien, el principio del respeto a la diferencia –como pretensión pedagógica– se encuentra fuertemente vinculado a la idea de promoción de la participación. La actitud de *cuidado del otro* sólo

puede llevarse a cabo si el otro tiene espacio para expresar sus formas de percibir la vida escolar, si a aquel a quien se quiere reconocer tiene una participación activa en los espacios académicos, políticos y culturales que constituyen la escuela. La configuración del *mundo de la vida* escolar requiere de una participación comprometida de cada estudiante y de cada docente; *habitar la escuela* exige *ser en la escuela*, ser con otros, convivir.

"La convivencia en la escuela parte de reflexionar sobre los diferentes espacios de participación: emisora escolar, proyectos de cultura ciudadana, talleres de formación, proyectos de mediación, formación de personeros en el gobierno escolar, participación en actividades pedagógicas, culturales y recreativas". (D)

La reflexión presente en este testimonio es una manera de resignificar el papel y el sentido que la participación escolar adquiere en la construcción de un proyecto de convivencia escolar. De lo que se trata ahora es de hacer que este proyecto contemple la pluralidad cultural, política, académica y estética de todos los involucrados. Así mismo, asumir la participación y la diversidad como derroteros de construcción de la convivencia implica el fortalecimiento de proyectos de vida basados en la elección del propio destino, en última instancia implica el *gobierno de sí mismo*. Este ejercicio de ocuparse, de *hacerse cargo*, de tomar la vida en las propias manos, hacen patente uno de los sentidos que podría tener la convivencia en la escuela, esto es:

"Actuar como seres autónomos, con sentido de pertenencia, de identidad y con perspectiva de futuro". (D)

En cualquier caso, las concepciones sobre la convivencia, soportadas en pretensiones formativas –léase, *pedagógicamente orientadas*–, suponen poner en suspenso la identidad otorgada de manera hete-

rónoma para asumir un proyecto de vida que gire sobre la propia elección, que asuma el riesgo y la satisfacción de ser autónomo, de elegir de manera responsable la propia identidad y, ciertamente, que a su turno respete y se preocupe por la elección vital del otro. Así, frente a la capacidad de autodeterminación que debe desarrollar la comunidad educativa, se enfatiza en que:

"Hay que trabajar para recuperar la autonomía de la escuela y realizar una unidad de criterios, teniendo en cuenta que unificar homogenizando es terrible". (D)

El campo semántico que hemos denominado *requerimientos para la construcción de la convivencia escolar* comprende un conjunto de concepciones que constituyen los cimientos para la construcción de un ambiente plural y participativo en la escuela. Entre dichos requerimientos, los participantes señalan como menester: ampliar el reconocimiento de las dimensiones formativas a diferentes espacios —más allá del aula— que tienen lugar en la vida escolar y en los cuales la convivencia pacífica debe guiar todo tipo de interacción cotidiana. Sobre este particular se expresa:

"La convivencia escolar no es sólo un problema de normas explícitas, sino también de relaciones cotidianas en la escuela, que pasan por convenciones y acuerdos que deberían ser abordados en cualquier estudio sobre el tema. (D) —Por tal razón— "Se requiere crear espacios de integración extra académica entre docentes y estudiantes" (D) y "valorar la importancia de lo que se hace fuera de clase, no verlo como pérdida de tiempo". (E)

En efecto, el reconocimiento del carácter cotidiano de la convivencia exige un descentramiento del mero discurso —logocentrismo—, tan privilegiado en la comunicación escolar; requiere ampliar los espacios formativos a otras formas de expresión, en este caso

artísticas y lúdicas, que posibiliten el fortalecimiento y la consolidación del tejido colectivo de la convivencia. Este tejido implica a su vez ilaciones de afectos, vínculos y deseos que proporcionan satisfacción a los estudiantes, y que dotan de significado propio sus interacciones. Algunas opiniones advierten la necesidad de:

"Recuperar el espacio para el juego lúdico en la escuela, porque eso también es educación". (E) Además de "generar estrategias para fortalecer la confianza entre los sectores de la comunidad académica". (D)

La reconstrucción permanente de la convivencia escolar puede favorecerse mucho de la dinámica del trabajo por proyectos, siempre y cuando la formulación y desarrollo de estos convoque a los diferentes actores escolares a asumir roles activos y propicie debates y acciones que puedan enriquecer las perspectivas de identidad que habitan la institución escolar.

"Se deben organizar proyectos donde todos los estamentos se comprometan para dar acompañamiento y orientación a los procesos formativos". (D)

Las relaciones explícitas entre escuela y comunidad (familias, barrio, vereda, pueblo, etc.,) permiten la articulación de las realidades educativas con un contexto social más amplio, lo cual dota de un criterio de pertinencia a las iniciativas de convivencia escolar. Esto significa conocer, al menos de forma parcial, el contexto político, cultural y económico que constituyen la sociedad y la comunidad en la cual se vive, y de la cual todos hacen parte –docentes, estudiantes, directivos, padres de familia–. Se requiere, en síntesis:

"Integrar la escuela a la ciudad", (E) además de "vincular y articular las entidades públicas con la escuela". (D)

En lo que corresponde al campo semántico *legitimación de las normas* y a la dinámica social y moral que lo enlaza, puede afirmarse que, efectivamente, la configuración y re-configuración de la convivencia escolar requiere de un ejercicio democrático que, en parte, depende de la definición de procedimientos y mecanismos que hagan posible la expresión de disensos y la construcción de consensos en torno a las normas que regulan las interacciones en el mundo escolar. Se requiere, además, que exista la posibilidad de impugnar, derogar o reformar el contenido y sentido de las normas. Sólo de este modo una norma puede ser legitimada. Su legitimación es el resultado de un proceso a través del cual la norma se cuestiona, acepta o modifica, adquiriendo un sentido auténtico.

"Necesitamos construir las normas y, en general, lo público, desde el diálogo, de tal forma que haya un distanciamiento del uso de amenazas, castigos y correctivos en la escuela". (D) –*La comunicación orientada al entendimiento propicia posibilidades reales*– "construir las normas con toda la comunidad educativa" (E) –así como "promover y aplicar las normas mínimas de convivencia acordadas por la comunidad–". (D)

La legitimación de las normas que regulan la comunicación e interacción es posible si los actores de la escuela asumen roles activos en procesos de deliberación. Este tipo de procesos permite el esclarecimiento de los principios de la convivencia escolar.

"La participación es clave para aceptar las normas". (E) –*Y a la vez es una excelente estrategia con la cual contrarrestar el 'paradigma normativo' basado en el temor y en el castigo*–: "En la estructuración de las normas debe haber una toma de conciencia de que las normas no son para amenazar, no son para presionar, no son para mortificar, sino por el contrario, son para buscar el bienestar de toda la

comunidad a la cual se le están aplicando esas normas; eso es clave en esa toma de conciencia". (D)

Solamente en la medida en que los diferentes actores se sientan parte activa en las deliberaciones sobre las normas que orientan la convivencia escolar, pueden identificarse con ellas, respetarlas, exigir a otros su cumplimiento y velar colectivamente por su salvaguarda. Esta *comprensión* positiva de la norma permite significar los proyectos comunitarios, esto es, articular esfuerzos grupales, tanto aquellos pertenecientes a los llamados grupos de referencia (pares, amigos, combo, etc.), como los más impersonales, que no por ello son ajenos (proyecto escolar, iniciativa comunitaria, pedagogía ciudadana, proyecto de nación, etc.). Apel (1999: 67), por ejemplo, considera que la legitimidad de la norma adquiere valor en el ejercicio del consenso y no en un trabajo individualizado donde se visualizan panoramas distintos, sin un objetivo claro y preciso.

La legitimidad de la norma en la escuela es un problema colectivo, no es un asunto de protagonismos legislativo-dictatoriales que se refugian en la autoridad natural del adulto (*adultocracia*) para definir líneas de acción de manera inconsulta, en detrimento de las necesidades o propuestas de los estudiantes. Los procesos políticos deliberativos, críticos y propositivos de construcción y significación de las normas, implican un soporte pedagógico deliberativo. La verdadera importancia de la norma reside en su carácter formativo, no en su uso punitivo.

"Nosotros no somos abogados sino profesores, entonces el enfoque de la norma tiene que ser desde lo pedagógico". (D)

Todo ello se enlaza con el campo semántico de la *resolución de conflictos*; los participantes expresan concepciones mediante las cuales se puede llegar a privilegiar cierto tipo de procedimientos:

"Los conflictos se deben solucionar por medio del diálogo". (E) "Se pueden resolver mucho mejor los problemas si tenemos claro los pasos a seguir". (D)

Pero la situación que produjo el conflicto, demanda, en primera instancia, ser comprendida a cabalidad; de otra manera, difícilmente, podrá ser afrontada y menos aún, resuelta. Es así como se propone al maestro:

"Estudiar las faltas analizando el contexto de los que están involucrados, para fortalecer la convivencia". (E)

Esta visión del conflicto implica el reconocimiento de su necesidad e inherencia a cualquier tipo de relación humana, y de forma particular en el mundo cotidiano de la escuela. Por ello se requiere su resolución, no su eliminación.

En el caso del conflicto en la escuela, la consigna parece ser "el establecimiento ágil de acuerdos", dejándose de lado las motivaciones e implicaciones ideológicas y emocionales de los directamente involucrados. Así, pareciera como si las diferencias se solventaran sobre la base de una apelación crasa al mayor beneficio de una de las partes o, en ocasión, del menor perjuicio de la otra. Tal consideración no es en sí misma negativa, y no lo sería en definitiva si en este proceso de negociación, claramente *efectivista*, no quedaran por fuera la mayoría de los implicados.

En la resolución de los conflictos es necesario considerar tanto a los directamente involucrados, como a los futuros interlocutores potenciales. La ausencia de este criterio para la orientación de la convivencia en la escuela, explica cómo, en estos contextos concretos, los conflictos se *tratan*, se *solucionan*, pero realmente no se resuelven. La diferencia radica en que al *solucionar* un conflicto,

el conflicto desaparece en apariencia, esto es, los implicados se comprometen a neutralizar las acciones productoras del conflicto, mientras que *resolverlo* significa orientar racionalmente o de manera plausible sus acciones comunicativas y sus comportamientos, de tal modo que las condiciones iniciales cambien favorablemente para todos los implicados.

Al *solucionarse* el conflicto las razones de los implicados se dejan de lado o se acallan o simplemente se hacen converger sobre una plataforma artificiosa de acuerdo. Al *resolverse* el conflicto, las razones se exponen, se defienden, pero también, al tiempo que se diferencian, se imbrican movidas por la fuerza de la argumentación. La lógica comunicativa desde la cual opera la *racionalidad estratégica* es la de la solución del conflicto, en la cual el acuerdo es la meta obligada, su *a priori,* y la norma, la estrategia para alcanzarlo. La lógica comunicativa que fundamenta la *racionalidad dialógica* es la de la resolución del conflicto, en la cual el acuerdo (basado en disensos y consensos) es consecuencia y a la vez estrategia de aprendizaje permanente. En este proceso argumentativo, la norma es el criterio que permite orientar las acciones de los distintos actores sociales de la escuela.[44] Para Nieto el reto pedagógico consiste en transformar las violencias en conflictos, los conflictos en problemas y los problemas en propuestas (2001: 152).

Así, hacer visibles los conflictos es una de las formas de poner en juego el proyecto de convivencia escolar. Aunque no todos los proyectos de convivencia se expliciten en documentos formales, es posible identificarlos en el diario vivir de la escuela. No todos los proyectos de convivencia contemplan principios de respeto a la diversidad y asumen la participación como elemento integral de

---

44. Nos servimos de la distinción presentada al final de la primera parte del presente libro, entre solucionar y resolver conflictos.

la comunidad escolar. Los que logran hacerlo definen claramente los roles y responsabilidades de cada uno de sus actores y aluden a su sensibilidad social.

"La convivencia en la escuela hace que los docentes reconozcan los problemas de los estudiantes y comprendan en qué medida sus comportamientos corresponden al contexto social en que se encuentran". (D)

Los conflictos pueden ser resueltos entre los implicados y, en algunos casos, auxiliados por comités escolares conformados para tal fin. Lo que se promueve en estos casos es básicamente:

"La mediación del conflicto entre pares". (D) "La conformación de un grupo de diálogo para resolver nuestros conflictos". (D)

La resolución de conflictos exige articular procedimientos que posibiliten una autorregulación por parte de los implicados, cuando se presentan confrontaciones; en este sentido, la estructura disciplinaria de la escuela ha de trasladarse de la vigilancia al autocontrol, de la utilización de un agente que verifique el orden –prefecto de disciplina– a la incorporación de procedimientos racionales que ordenen las discusiones.

En el campo semántico denominado *representaciones sobre la democracia* se ilustra con opiniones de docentes y estudiantes que involucran al tiempo sentido de responsabilidad y voluntarismo; al respecto se señala que:

"La construcción de un clima escolar democrático es un proceso de nunca acabar, por lo que se necesita trabajar con dedicación y ganas". (D)

La construcción de la democracia en la escuela –o la generación de condiciones de posibilidad– no puede ser resuelta por mandato legislativo –"por decreto"–, sino como el resultado de un proyecto político y pedagógico vinculado a la idea de la formación para la autonomía escolar, en lo posible apoyado e incentivado por las políticas públicas en educación (locales, distritales y nacionales). El proceso de democratización de la escuela pasa también por otorgar al estudiante un estatuto político propio, es decir, por asumir su participación académica, cultural y estética como aporte a la construcción de la comunidad escolar. Este reconocimiento significa un cambio radical de la mirada que habitualmente se ha tenido del estudiante como el *sujeto del no saber*, como aquel que no tiene capacidad de decisión, como quien es sujeto de *adolescencia* y de la ausencia de criterios para orientar su propia vida.

En último término, el estatuto político del estudiante supone tanto en el maestro, como, en general, en el adulto, una valoración positiva del estudiante, a través de la cual la comunidad educativa se vuelva receptiva a sus propuestas, iniciativas e intereses.

"Hay que tener en cuenta que en cada institución hay tantas culturas y formas de vida como personas convivan allí, por lo tanto hay que acudir al entendimiento como al reconocimiento de la posición del otro para poder llegar a acuerdos reales". (D) *Esta pretensión sobre el estatus político ganado o recobrado, está explícita bajo la intención de* "que se tengan en cuenta los intereses y opiniones de los estudiantes, además de que no se les amenace o amedrente por expresar sus puntos de vista". (E)

Las concepciones sobre la democracia en relación con la convivencia escolar indican la necesidad de valorar y garantizar la descentralización del poder, del cogobierno, por parte de diferentes estamentos de la vida escolar, mediante una participación activa y

decidida de los estudiantes, que permita fortalecer su rol político en la escuela:

"Hay que garantizar que los personeros no sean elegidos por los méritos académicos definidos por los maestros, sino por su capacidad de liderazgo y organización estudiantil". (E)

Pero si la participación de los estudiantes en la construcción de formas de convivencia democrática en la escuela requiere el fortalecimiento de su competencia política, esto significa que la escuela debe orientar esfuerzos en esta dirección, rescatando así los valores de la participación y el sentido de apropiación de lo público. De este modo, tendría sentido, por ejemplo: "formar políticamente a los personeros para que desempeñen su liderazgo y ejerzan cada vez, de mejor forma, sus propias capacidades". (D)

Estos propósitos se enlazan con las concepciones que sobre la convivencia se relacionan con lo que aquí denominamos campo semántico de los *derechos humanos*, tan clave en los procesos de convivencia escolar.

"No es posible pensar en la convivencia escolar sin una formación permanente en el respeto a los derechos humanos". (D)

En general, se reconoce la importancia de realizar acciones de sensibilización y profundización de este asunto, con miras a promover su real ejercicio. De ello depende, en buena medida, el respeto a la dignidad humana, que debe enmarcar cualquier proyecto de convivencia escolar. Así, la formación para el respeto de los derechos humanos indica que se actúe "con autoridad pero respetando, al mismo tiempo, a cada persona, por el hecho mismo de ser persona". (E)

Las concepciones que circulan en la escuela, a este respecto, articulan dos dimensiones: la que hace referencia a la creación de espacios institucionales para garantizar el respeto a los derechos fundamentales en la escuela, y la que abarca la creación y sistematización de experiencias de formación en su ejercicio. En el capítulo acerca de los territorios de la convivencia escolar volveremos sobre este punto.

2. Vivencias de la convivencia escolar

Algunas de las concepciones sobre la convivencia en la escuela, especialmente las que se refieren a una dimensión ética, esto es, las basadas en el *deber ser* de la convivencia, están en permanente tensión con las vivencias cotidianas de los actores escolares. Las idealizaciones de la convivencia encuentran en el ejercicio del poder en la escuela, el cable a tierra que las contextualiza y las problematiza. Esto ocurre, por ejemplo, cuando los directivos o maestros promueven la participación de los estudiantes en asuntos que afectan a toda la comunidad educativa (Vgr. problemas de seguridad, celebraciones, jornadas culturales o deportivas), escuchan sus opiniones y alternativas de solución, pero no los consideran en serio —no las reconocen o valoran plenamente— a la hora de las decisiones.

La concepción ideal que subyace en casos como este es que *es necesario abrir espacios para la participación de los estudiantes e involucrarlos en los asuntos que les atañen; ello contribuye a mejorar la convivencia en la escuela.* La vivencia de los estudiantes señala, por su parte, que *en el colegio es muy importante que participemos, que presentemos nuestros puntos de vista, no hemos entendido por qué, ya que finalmente nuestras propuestas no son tenidas en cuenta.* La existencia de mecanismos que garantizan la participación en la escuela, y las buenas intenciones que suelen acompañar su utilización, transpa-

rentan relaciones de poder y prejuicios bajo los cuales se subvalora la capacidad de los estudiantes y se subestiman sus iniciativas.

Algunas de las vivencias más significativas para los actores de la escuela tienen que ver con procesos de exclusión social y política, con discriminación de género y con sentimientos de impotencia frente a las decisiones tomadas en las instancias de poder local. Este tipo de vivencias logran ser tan determinantes para los estudiantes y maestros, como aquellas otras a través de las cuales se disfruta de la confianza del otro y se establece una relación amorosa con el conocimiento, en los casos en los que esto se alcanza en la escuela.

Sin embargo, no existe la forma *paradigmática correcta* de orientar la convivencia escolar y la forma *definitivamente errónea* de hacerlo, como un criterio desde el cual se pueda, simplemente, distinguir las 'escuelas buenas' de las 'escuelas malas'. Se trata, como lo ha denominado Oscar Saldarriaga (1999: 131 y s.s.), de comprender las tensiones constitutivas en los modelos pedagógicos y sus resultados formativos,[45] que para nuestro caso sería, entre las concepciones ideales de la convivencia y las experiencias, prácticas y actuaciones —en suma, vivencias— de los actores sociales de la escuela. El establecimiento de relaciones más estrechas entre concepciones y vivencias da cuenta de una búsqueda permanente de consistencia moral, y comporta a la vez el reto pedagógico de

---

45. Saldarriaga denomina *matrices éticas* a los esquemas mediante los cuales se representan distintos polos en tensión, a saber: Saber pedagógico-técnica disciplinar; funciones colectivizantes- funciones individualistas, y finalidades de autonomía -finalidades de heteronomía. La comprensión de estas matrices permite entender, entre otras cosas, que la formación de sujetos autónomos -capaces de autogobieno-es a la vez formación para el cumplimiento de normas sociales. No puede ser posible darse a sí mismo la norma quien no vive en un contexto social regulado por normas.

convertir en tensión productiva lo que muchas veces es visto como contradicción insalvable.

Veamos qué tipo de vivencias concentran la atención e interés de estudiantes y docentes en las distintas relaciones e interacciones que establecen en el mundo escolar. Para esto proponemos el análisis de los siguientes campos semánticos:

- Vivencia de la exclusión-inclusión.
- Vivencia de producción de saber.
- Vivencia de la disposición legal.

Queremos poner de presente el enorme desafío que representa para la convivencia en la escuela el enfrentamiento a las prácticas de exclusión, muchas veces normalizadas y legitimadas de forma no consciente, tanto por docentes como por los mismos estudiantes.

"Para nosotros está claro que los desafíos para desarrollar la convivencia escolar están por el lado de superar las prácticas de exclusión, el autoritarismo, el desconocimiento de derechos y deberes, y la incomunicación entre maestros y estudiantes, por brecha generacional". (D)

El hecho de que las distintas formas de habitar la escuela, de transitarla, de entenderla y de sentirla se tensionen, evidencia que de lo que se trata no es de un asunto meramente formal (Por ejemplo, que en el PEI del colegio se explicite o no la promoción de la convivencia pacífica entre los miembros de la comunidad educativa), sino de un problema existencial, pues la convivencia en la escuela afecta directamente la idea que cada quien se forma de sí mismo, del sentido de sus actos y de su propio destino.

Por lo tanto, evidenciar las prácticas de exclusión que tienen lugar en la escuela exige reconocer visiones del mundo muchas veces encontradas, discursos e ideas de difícil adscripción, perspectivas disímiles sobre lo que es la educación, la disciplina, la justicia, el conocimiento, la amistad. No basta con señalar, de todas las formas posibles, que requerimos una convivencia escolar guiada por principios democráticos y emancipatorios; se requiere, también y quizás principalmente, comprender las lógicas de exclusión-inclusión que allí operan.

Incluimos aquí expresiones de algunos actores escolares, a saber: reclamos, denuncias, manifestación de inconformismo y propuestas. En la escuela, señalan enfáticamente los maestros, se priorizan unas asignaturas sobre otras, por ejemplo, las matemáticas y las ciencias naturales sobre las ciencias sociales y las artes, lo que se traduce en el establecimiento de jerarquías simbólicas y en la discriminación del tipo de saber que poseen unos sobre el que poseen otros. Aquí discriminación y exclusión van de la mano: el saber más discriminado y el supuesto poseedor de ese saber se encuentra excluido de los reconocimientos de que son objeto quienes "detentan" los saberes privilegiados, aunque estos reconocimientos casi siempre se visibilizan de forma negativa, así, por ejemplo, si se tiene que interrumpir una clase para la realización de una actividad extracurricular, la decisión de qué clase se interrumpe no se deja al azar: se actúa según el peso simbólico relativo atribuido a cada asignatura.

La condición de género y las diferencias étnicas y culturales son consideradas bajo el mismo criterio.

"No se consideran las diferencias, pues se ve que las asignaturas tienen estratos; también se vive un permanente maltrato a la mujer, entre los maestros mismos y de ellos hacia las estudiantes; también hay resistencia frente a los asuntos de la afro-colombianidad; todo

esto porque no se respetan las minorías, porque aunque en la escuela se proclame el respeto a todos por igual, las diferencias no se entienden, ni se aceptan". (D)

Todo ello a pesar del discursivamente difundido y proclamado *respeto a la diferencia.* Las relaciones de género signadas por la discriminación generan reacciones que retroalimentan y sostienen este mismo esquema: "En mi escuela se produce mucha discriminación sexual en los roles que cada quien asume, en el machismo, en el feminismo, en las expresiones agresivas de los muchachos hacia las niñas y viceversa". (E)

Caer bajo el estigma de *estudiante problema* es un riesgo más de sentirse y ser efectivamente excluido en la escuela. Al *estudiante problema* o al que eventualmente manifiesta sus dificultades (si la frecuencia aumenta pasa fácilmente a ser comprendido en el estigma) se le excluye de la atención, la consideración, e incluso, del respeto.

"Los problemas de embarazo, droga y manejo de la sexualidad hacen que se discrimine a los estudiantes". (E)

Los conflictos en la escuela no siempre son, precisamente, una oportunidad para analizar el contexto en el que estos se presentan o las circunstancias especiales de los involucrados.

"Ante la presencia de conflictos, la primera medida que toman la institución y los profesores es la sanción". (E) "Cuando un estudiante tiene líos ¿no es acaso cuando más necesitan orientación? y lo que se hace es echarlos y dañarles la hoja de vida, dejándolos por fuera del colegio y negándoles toda oportunidad". (E)

Queda claro que las prácticas con las que se abordan los conflictos que tienen por escenario la escuela determinan, de cierto modo, las posibilidades de construcción de una convivencia democrática, pues la manera como se resuelven y el trato que se les dé a los involucrados expresan las relaciones de exclusión o de inclusión en el ordenamiento político de la escuela.

Así mismo, el estudiante vive la exclusión a causa de los distanciamientos que en ocasiones produce la brecha generacional con los demás estamentos de la escuela. En este caso, la exclusión suele presentarse, tal y como se indicó arriba, por la subvaloración que suele hacer el adulto de las apuestas culturales, políticas y estéticas de los niños y jóvenes. Así, se hace patente la tensión entre las concepciones del deber ser de la convivencia que circulan en la escuela y las prácticas de exclusión ejercidas de forma irracional. La aceptación (asunción del respeto y el cuidado) de la alteridad es uno de los más importantes retos que asumen las instituciones educativas comprometidas con la idea de mejorar la convivencia escolar e impactar sus prácticas cotidianas.

En lo que comprende al campo semántico *vivencias de producción de saber*, se pueden mostrar algunas interesantes tendencias. Una de ellas alude a la producción de saber, sobre la convivencia escolar, por parte de expertos. En este sentido: "Primero, es necesario acceder a un fundamento teórico especializado en la temática, de alguien experto, que sirva de sustento a las acciones futuras que vamos a realizar en el colegio". (D)

En este caso, se asume el rol del docente como un agente pasivo en la producción de saber pedagógico, en rigor, el maestro dejaría la tarea de pensar y producir conocimiento sobre la convivencia escolar, exclusivamente en manos de agentes externos, de teóricos que le den el soporte conceptual a lo que él posteriormente realizaría

en la escuela. Otra tendencia se remarca con las mismas prácticas de producción de saber pedagógico realizadas por los implicados e interesados en el asunto de la convivencia escolar. En este caso, los maestros apelan al conocimiento propio sobre los contextos en los que discurre la interacción, como insumo básico para dichas construcciones: "Se trabaja desde los espacios donde se producen los problemas; desde ahí se emprende el análisis del sentido de la convivencia, porque es allí donde se puede ejemplarizar la realidad que se vive en la escuela". (D)

Lo que aquí denominamos *vivencia de la disposición legal* se refiere, por su parte, a la actitud crítica de los maestros frente a la legislación educativa, especialmente a todo aquello que sienten y viven como obstáculos al quehacer pedagógico y a los procesos de convivencia escolar.

"La misma legislación educativa se encarga de minar los espacios para dialogar con los estudiantes y brindarles una mejor educación tanto cognitiva, como personal; esto se debe al hacinamiento total en que se encuentran las estudiantes en sus aulas y a la nueva reglamentación sobre el horario, en el que sólo tenemos tiempo para hacer clases". (D)

El aumento en el número de estudiantes por curso dificulta la posibilidad de establecer diálogos sanos y productivos entre docentes y estudiantes. Moverse en condiciones de hacinamiento en aulas, pasillos, baños y biblioteca se parece más a sobrevivir que a convivir bajo la guía de la comunicación en condiciones dignas para cualquier ser humano.

Al estar colmada de horas-clase la jornada de trabajo del maestro, se constriñe la comunicación con los colegas y con los estudiantes. Los docentes no cuentan con el tiempo necesario para responder

las dudas que las clases suscitan, para apoyar las iniciativas de los estudiantes o para brindarles respaldo personal cuando lo solicitan. El tiempo personal del maestro también se ha reducido; esto implica menos tiempo para el descanso y para la conversación, altos niveles de estrés y aislamiento. Sin tiempo para sí mismo y para el diálogo extra-clase, el propósito de la formación para la autonomía, tan publicitada en los PEI de los colegios, se vuelve algo de difícil constatación en la realidad escolar. Mientras las disposiciones legales se formulen al margen de las dinámicas de la convivencia, esto es, sin contexto, sin la comprensión de las necesidades de los actores sociales y políticos del mundo escolar, se convertirán, como efectivamente ocurre, en un elemento amenazante del ya por sí frágil equilibrio normativo que caracteriza a las instituciones educativas públicas en Bogotá y en tantas otras ciudades latinoamericanas.

Este tipo de *prácticas de gestión legal* disminuye la confianza en la norma, reproduce la idea de su externalidad y disminuye la capacidad de regulación y orientación de la acción colectiva. En suma, opera como un dispositivo de control social y no como un posibilitador de convivencia. Lo que con estas prácticas se obtiene es justamente lo contrario a lo que se pretende con su expedición, esto es, generar un margen ostensible de anomia en la escuela y escepticismo frente a la labor formativa de las instituciones escolares.

"La ley menoscaba la experiencia pedagógica e impone normas muy alejadas de la realidad, que se convierten en atadura para un ejercicio pleno y libre de la enseñanza". (D)

Esta misma dinámica se reproduce a nivel local en la construcción del manual de convivencia. Este proceso, que en algunas escuelas se entiende y se vive como una excelente oportunidad de construcción colectiva de sus propias formas de regulación y au-

torregulación, suele ser en la mayoría de los casos el resultado del ejercicio soberano de un micropoder arrogante y manipulador.

"En muchos casos el manual de convivencia se ha convertido en la mejor arma para castigar. Es agresivo y, la mayoría de las veces, sordo". (E) –*La forma como suele construirse refleja, en parte, su nivel de legitimidad*– "Aunque se hagan consultas a unos y otros en la escuela, realmente el manual de convivencia no lo elaboran los docentes ni los estudiantes, que son quienes conocen la verdadera problemática que se presenta dentro del aula y en los demás espacios de la escuela: lo escriben algunos directivos que tiene afán de cumplir un requisito legal. Se carece de autoconstrucción". (D)

Las normas se siguen legitimando en la escuela, casi exclusivamente, a nivel discursivo. Allí se refinan cada vez más las concepciones morales abstractas, al tiempo que se extravía el carácter pragmático que es constitutivo del mundo normativo. Si las normas son un referente puramente formal, la convivencia va a depender cada vez más de la imposición del poder del más fuerte –física o simbólicamente–, de directivos con capacidad de decisión y control, de maestros con habilidades para someter al otro y hacerse obedecer, y de estudiantes con destrezas para atemorizar o para ejercer liderazgo únicamente en beneficio propio.

3. Territorios de construcción de la convivencia escolar

Hemos centrado hasta ahora nuestra mirada en las tensiones entre concepciones y vivencias de estudiantes y docentes sobre la convivencia escolar; tensiones que permiten identificar los enormes desafíos que tiene la escuela en el propósito de democratizar sus prácticas e interacciones cotidianas. En esta tercera parte de análisis sobre la red de significados que tejen cotidianamente los

actores sociales de la escuela en su diario vivir, nos ocuparemos de los territorios. Aquí los territorios se entienden como los espacios físicos y simbólicos que demarcan los campos de acción de estudiantes y maestros. Sostenemos, entonces, que los territorios adquieren la forma de marcos de sentido en los cuales se expresan las tensiones existentes entre *concepciones* —creencias, opiniones, certezas, visiones— y *vivencias* —prácticas, actuaciones, decisiones, sentimientos—.

Es en los territorios donde se definen, construyen, contextualizan y re-significan las relaciones de poder en la escuela, y se articula el sentido de la convivencia escolar. Es en los territorios (físicos: espacios de interacción; y simbólicos: relaciones de poder) donde buena parte de los esfuerzos por democratizar la escuela tensionan la relación entre concepciones y vivencias, a tal punto que su distancia se disminuye sin que se quiebre el tejido que los contiene o se borre el plano en el que se bosquejan; es justamente allí donde es posible hacer productiva pedagógicamente dicha tensión. Es también en los territorios de la escuela donde adquieren sentido las pretensiones de otorgarle un carácter incluyente y pluralista a la idea de comunidad educativa, y donde se soporta la pretensión ética del respeto a las distintas formas de ser y a los proyectos de vida de cada uno de los individuos que habitan la escuela. Pues bien, esta idea de territorio es posible desde la definición y conjunción de los siguientes campos semánticos:

- Territorios para la descentración del poder. Una vez más surge el manual de convivencia.
- Territorios para la formación en derechos humanos.
- Territorios para la producción de saber pedagógico sobre la convivencia.
- Territorios de formación de la identidad y el respeto a la diversidad.

Lo que aquí denominamos *territorios para la descentración del poder* se refiere, concretamente, a las posibilidades de cohesión social –en términos de inclusión, solidaridad y respeto a la condición humana– que posibilita la dinámica de construcción del manual de convivencia. Algo que sólo es posible si el contenido normativo del manual se legitima de cuando en cuando por parte de los actores de la escuela: estudiantes, docentes, directivos, padres de familia, etc., pero además, cuando se considera que existen buenas razones para legitimar –derogar, modificar o reemplazar– el plano normativo en que se sostiene.

"Es necesario revisar permanentemente el manual de convivencia, adaptarlo a las realidades de la escuela, para que adquiera el carácter de proceso en construcción y así se haga fuerte". (D)

Los procesos de reelaboración permanente del manual exigen, a su vez, la participación activa de toda la comunidad escolar, quien encuentra allí un excelente pretexto para reflexionar, discutir y ofrecer alternativas a la convivencia. Esta dinámica conduce a un ejercicio de descentración del poder ubicado en la rectoría o dirección escolar, para que los diferentes estamentos puedan configurar sus propuestas y sacar adelante sus iniciativas. El manual de convivencia se convierte de este modo en el soporte de la vida escolar, en el mecanismo político que posibilita su transformación, dejando de ser un dispositivo de control negativo que contiene, obstruye e imposibilita el cambio.

Por supuesto, siempre habrá cosas que se conservan en el manual y cosas que cambian; la idea fuerza aquí es que sólo cambia lo que se requiere que cambie, según el carácter de los nuevos contratos sociales en la escuela. Lo que no cambia o cambia a menos velocidad es lo que vale la pena preservar, pero es la dinámica social de la escuela la que define su propio ritmo. Por tal razón, en la publi-

cación de cada versión no se deben invertir demasiados recursos. Una edición digna pero modesta envía a la comunidad educativa mensajes del siguiente tenor:

- Es posible y necesario mantener las normas vivas.
- Para la convivencia pacífica resulta fundamental interiorizar las normas, hacerlas propias.
- Se requiere de una racionalidad crítica frente al sentido y significado de las normas, frente a su posible reforma, a fin de lograr mayores niveles de inclusión y justicia.

Una edición de lujo del manual de convivencia, por el contrario, envía mensajes del siguiente tipo:

- Palabra escrita, palabra sagrada.
- Comuníquese y cúmplase –sin enmienda posible–.

Los recursos de la escuela son limitados, debemos aceptar por un periodo prudencial de tiempo –léase indeterminado– el resultado de tantos esfuerzos.

La convivencia democrática adquiere en el territorio material y simbólico del manual de convivencia una forma concreta de realización. En efecto, este es un territorio donde por excelencia adquiere dimensión y estatus político el estamento estudiantil. Respecto a este particular se señala:

"Siempre ha resultado relevante adecuar el manual de convivencia a la participación de los estudiantes, a su papel activo en la escuela. Así se le quita el carácter punitivo al manual y se gana en reflexión y confianza". (D) –*Algunos estudiantes proponen*– "En el manual de convivencia no sólo deben aparecer derechos y deberes,

sino también disposiciones para nosotros, es decir, menos prohibiciones y más estímulos". (E)

La descentración y desconcentración de poder no significa, de ninguna manera, la deslegitimación de los directivos de la escuela o el cuestionamiento irracional a la autoridad que representan; significa, por el contrario, reafirmación de su compromiso con la democratización de la escuela y, por lo tanto, validación de su investidura y comprensión cabal de sus responsabilidades académicas y administrativas. Por tal razón: "Es importante mantener los espacios disponibles y crear unos nuevos que faciliten la transformación política de la escuela. Hay que orientar esfuerzos, por ejemplo, para diseñar una arquitectura escolar acorde con la descentración del poder, que los espacios no reflejen sistemas de encierro en la escuela". (D)

Lo que requiere transformación no es sólo la arquitectura física de la escuela, es también el ambiente de formación. Aquí puede resultar muy provechoso apostarle al establecimiento de un equilibrio entre la función académica y los procesos de convivencia. Si los ambientes de aprendizaje son estigmatizadores, excluyentes, desagradables y anónimos, la relación que se establezca con el conocimiento no será precisamente abierta, flexible y rica. Si la convivencia en la escuela propicia interacciones afectuosas, acogedoras, comprensivas y solidarias, es muy probable que todo ello permita significar y aprovechar mejor los aprendizajes. Pero la idea no es que esto sea posible o siga siendo posible a pesar del ambiente físico de la escuela —de una arquitectura precaria—, sino justamente a propósito de contar con requerimientos —de infraestructura— básicos que faciliten los aprendizajes a la vez que favorezcan los procesos de convivencia en condiciones dignas.

El campo semántico *territorios para la formación en derechos humanos* expresa, igualmente, la tensión entre concepciones y vivencias de la convivencia escolar, y se sostiene en afirmaciones como la siguiente: "Para el trabajo de derechos humanos se necesita que a los profesores se nos dé más tiempo *—asignación en su carga académica—* para trabajar estos asuntos en el aula y nos faciliten recursos para trabajar a través de proyectos. Es claro que los derechos humanos tienen que ver directamente con la democracia". (D)

Si bien las asignaturas de ciencias sociales no son ni mucho menos el territorio exclusivo para promover el ejercicio de los derechos humanos en la escuela, si puede ser muy significativo que quienes lideren procesos formativos en este campo —a favor de la convivencia escolar—, sean los maestros de esta área. Para ello no sólo resulta necesario la asignación de tiempo para el desarrollo de actividades curriculares y extracurriculares, también se requiere la creación de estímulos académicos, profesionales y de reconocimiento personal para quienes se involucren en el desarrollo de esta labor. La formación para el ejercicio de los derechos humanos se convierte en un elemento fuertemente cohesionador de las demás mecanismos y estrategias de convivencia escolar.

"En el gobierno escolar es importante institucionalizar la educación para los derechos humanos, es decir, que no sea una cuestión sólo de los profesores, sino que el gobierno escolar completo asuma una responsabilidad pública al respecto". (D)

La realización de eventos académicos y culturales se convierte en una interesante oportunidad para involucrar, en las reflexiones y acciones en defensa de los derechos humanos, a los distintos actores escolares.

"Es de gran valor la realización de charlas, foros y encuentros a nivel interno, es decir, en los colegios, y también la realización de encuentros de carácter local y distrital; hay que construir y mantener una especie de congreso permanente sobre formación en derechos humanos en la escuela". (D)

Se asume que la permanente socialización y discusión de experiencias de formación en derechos humanos propicia la construcción de saber pedagógico en y para la convivencia pacífica. Con esto, por supuesto, no se resuelve la problemática de derechos humanos en la escuela pública, pero al menos se mantiene la necesidad de su observancia y exigibilidad.

En lo atinente al campo semántico que llamamos *territorios para la producción de saber pedagógico* sobre la convivencia escolar, es clave rescatar la importancia de los espacios de dirección de grupo —derogados por las disposiciones legales sobre la asignación de horas de trabajo para los docentes de instituciones públicas—. En las instituciones en las que se mantienen y recrean estos territorios, incluso, como actividades extra académicas o extra jornada laboral, los problemas que se tratan no son únicamente los relacionados con el rendimiento académico de los estudiantes, sino también los que atañen a la convivencia escolar, al cumplimiento o incumplimiento de los acuerdos y de las normas que le sirven de garante. Incluso, en muchas ocasiones se reflexiona y discute sobre el sentido mismo de la convivencia en la institución.

"Espacios como las direcciones de grupo funcionan también como mecanismos de diálogo donde pueden estar el personero, el director de grupo u otros actores según la connotación del conflicto y el tipo de debate que se esté llevando a cabo". (D) –*La preservación de estos territorios permite*– "promover y fortalecer asambleas estudiantiles diseñadas y dirigidas por los mismos estudiantes". (E)

Si se fortalece el estamento estudiantil se propicia la construcción de autonomía en los estudiantes, al tiempo que se abre espacio a un importante caudal de propuestas culturales, políticas y académicas que suelen enriquecer la convivencia en la escuela. Se reconoce de este modo la necesidad de crear nuevos territorios de encuentro y de significación de la experiencia compartida.

"Con la realización de foros por localidades para los representantes de estudiantes, profesores y directivos, se da una descentralización del poder y se divulga la necesidad de respeto a lo público". (D)

Al respecto, tiene una gran aceptación entre las comunidades escolares la socialización y discusión de iniciativas de maestros y estudiantes fuera de las paredes de la escuela. Estos territorios simbólicos suelen dar un impulso a la producción de saber pedagógico y sociológico sobre los procesos de formación, tan necesaria para orientar la convivencia escolar y sus formas de identidad y autonomía.

Justamente es a esto último a lo que alude lo que hemos decidido denominar *territorios de formación de la identidad y el respeto a la diversidad*. El centro de nuestra mirada aquí son *los proyectos de vida* que construyen los sujetos en la escuela en la relación que establecen con los pares y a partir también de las diferencias de perspectiva que se evidencian en la relación con los otros.

"En la escuela uno puede consolidar grupos de interés en cosas de ecología, artes, danzas, música, teatro o deportes. Por ejemplo, en los proyectos de educación ambiental en los que los estudiantes vamos a conocer los humedales y los cerros de la ciudad, y se vinculan profesores de diferentes materias. Además, se pueden hacer otras cosas, como desarrollar actividades con los profesores, como por ejemplo, si al profesor de química le gusta el billar, puede organizar

un centro de juego con estudiantes que tengan su misma afición". (D) *Otros territorios de formación de identidad y respeto a las diferencias tiene que ver con* "promover formas de asociación cooperativa entre los estudiantes, de tal forma que se fortalezca el trabajo colectivo como posibilidad de formación para la convivencia". (D)

Propuestas como las aquí ejemplificadas pueden promoverse o apoyarse de forma más decidida por parte de las instancias que regulan y financian la educación pública, como alternativa para los estudiantes que pertenecen a sectores marginales de la sociedad y que a menudo se vinculan a formas ilegales de subsistencia. De esta manera se estaría combatiendo la pobreza y no a los estudiantes pobres, quienes por razones de tipo disciplinar, referidas a la administración de justicia en la escuela, se ven abocados a castigos que no solucionan de forma eficaz los problemas de convivencia escolar y que, por el contrario, suelen convertirse en fuente de resentimientos frente a la institución educativa y a la sociedad en su conjunto.

Las áreas y disciplinas del conocimiento son territorios valiosos para la construcción de formas identitarias basadas en el respeto a la diferencia.

"Las asignaturas son un espacio de formación de la convivencia, porque a través de ellas se pueden mostrar diferentes enfoques y puntos de vista que lleven a la valoración de las personas y al respeto de las todas las formas de producción del conocimiento". (D)

Reconocer y usufructuar los territorios físicos y simbólicos de la escuela son dos de las formas —al menos las que aquí hemos privilegiado— de convertir en productivas, en el mejor sentido pedagógico del término —es decir, en problematizadoras, críticas y

propositivas–, las tensiones entre las concepciones y vivencias que tienen los estudiantes y maestros de su realidad escolar.

Habitar la escuela significa recrear y aceptar la diferencia, convivir con la diferencia siempre y cuando las peculiaridades del otro no nieguen o imposibiliten las propias. Reconocer las diferencias implica exigir igual respeto y valoración por las características y gustos particulares de cada quien. Es necesario dirigir esfuerzos en la escuela hacia un auténtico reconocimiento de las diferencias; esto cruza por la idea de hacer de la escuela un territorio para la expresión cultural y estética, además de un territorio para la participación política.

Un reto importante para la escuela es el de convertir las buenas intenciones e iniciativas (de directivos, estudiantes y maestros) en proyectos, y persuadir a los diferentes actores –estudiantes, maestros, directivos, padres de familia, personal administrativos y trabajadores– a asumir en estos roles activos y protagónicos. Esto permite, a su vez, promover un sentido de responsabilidad individual y otro de pertenencia a la comunidad educativa. Un proyecto de convivencia escolar construido colectivamente permite organizar las acciones de los involucrados, planear sus intervenciones, definir con claridad cada fase, evaluar el cumplimiento de las metas trazadas e identificar nuevos desafíos.

Hemos hecho énfasis en este capítulo en la idea de que mejorar la convivencia en la escuela, en buena medida, depende de la aceptación y legitimación de la normas que orientan y regulan la vida escolar, lo que difícilmente se alcanza si no existe una valoración positiva y una promoción permanente de la deliberación. En palabras de Seyla Benhabib (2005: 27): "[...] cada persona y todo agente moral que tiene intereses y a quienes mis acciones y las consecuencias de mis acciones pueden impactar y afectar de una manera

u otra, es potencialmente un participante en la conversación moral conmigo: tengo la obligación moral de justificar mis acciones con razones ante este individuo o los representantes de este ser. Respeto el valor moral del otro reconociendo que debo proveerle una justificación de mis acciones. Somos todos participantes potenciales en tales conversaciones de justificación".

Esta visión sobre el papel de articulador moral de la deliberación, hace del proceso de construcción y reconstrucción del manual de convivencia en la escuela un excelente pretexto para debatir, impugnar, derogar, reafirmar, en suma, legitimar las normas que orientan la convivencia escolar. De ahí la importancia de emprender procesos de formación ético-política en y desde la escuela. La formación para la participación y la deliberación no garantizan de por sí el éxito de ninguna iniciativa, pero sí amplía las posibilidades de encontrar respuestas pertinentes y acertadas a los conflictos escolares cotidianos. La idea del gobierno escolar tiene como fundamento la idea del cogobierno, que en síntesis significa otorgar o reconocer protagonismo y poder a los distintos estamentos —espacialmente a los de los maestros y estudiantes— en función de definir —conjuntamente— lo que es justo y conveniente para todos. La formación ético-política parte de la convicción de que el ejercicio de ese poder puede también ser aprendido y de que tales aprendizajes contribuyen a una convivencia democrática en la escuela.

Ética, ciudadanía y educación: tensiones y desafíos

El giro lingüístico, tal y como lo asumen Apel y Habermas, tiene un carácter eminentemente ético. No se trata solamente del desplazamiento de una filosofía de la conciencia a una filosofía del lenguaje y la comunicación en *el campo del conocimiento* —basado ahora en la construcción de criterios de validez que emergen, se debaten y se reconfiguran intersubjetivamente, mediante actos de habla—; se trata, también, de entender que *el lenguaje es medio de poder y dominación*, y que toda filosofía que se defina a sí misma como *filosofía práctica* debe develar dichos usos, discutirlos y proponer alternativas.

En la relación mundo de la vida-acción comunicativa, lo más relevante son los actos de habla —lo que se comunica y la manera cómo se comunica sentido mediante dichos actos—; la comprensión del contexto en el que se produce la interacción; las posturas que asumen los sujetos sociales que se comunican y las pretensiones de validez que se despliegan en la comunicación, en suma, la *dimensión pragmática* del lenguaje, sin la cual no tendrían sentido nuestras acciones y decisiones morales y políticas.

Considerar la comunicación como *a priori*, como fundamento de la experiencia humana, significa que el diálogo requiere una orientación hacia el entendimiento, más allá de sus usos puramente instrumentales, y en confrontación, especialmente con aquellos dirigidos a la dominación y el sometimiento de los otros. Esta orientación hacia el entendimiento se legitima, moralmente, no sólo en el plano de la comunicación interpersonal, sino también en el ámbito de las relaciones interculturales. Confluye aquí una pretensión moral basada en la significación o construcción de normas justas e incluyentes (primera parte del libro), con otra política basada en la idea de una ciudadanía activa y deliberativa (segunda parte del libro).

Considero de suma relevancia contar con una filosofía –como la Teoría de la Acción Comunicativa– que nos permita reflexionar sobre el sentido de la argumentación y sus implicaciones. Si bien a los filósofos les atañe, en buena medida, la fundamentación teórica de estos asuntos, corresponde a los maestros generar las condiciones pedagógicas a favor de una dinámica dialógica y argumentativa en los ambientes de formación que, por una parte, pueda orientar el abordaje de los conocimientos socialmente validados, que no por ello definitivos, y, por la otra, contribuir al propósito de formar ciudadanos responsables y solidarios.

El asunto no se reduce a la construcción de un criterio racional con el cual se puedan leer los fenómenos de la reproducción cultural –aprendizaje de contenidos disciplinares o históricos–; está en juego, también, la posibilidad de entender la educación desde la perspectiva crítica-emancipatoria, de cara a las necesidades, expectativas y anhelos de transformación social que tienen los individuos y colectivos en contextos particulares como el de la escuela. En esa medida, es importante entender los límites de la reflexión filosófica y sus posibilidades en el plano práctico.

Las construcciones teóricas de la Ética Discursiva sobre contenidos, procedimientos y acciones educativas no se encaminan a la definición de estrategias de intervención social, sino, sobre todo, a destacar el papel de la interpretación en la reconstrucción de formas de argumentación y acción moral que se despliegan, justamente, en contextos de formación. Es en esta dirección que la Ética Discursiva se asume como una ética de la responsabilidad moral y como criterio regulador, crítico y heurístico de las decisiones morales y políticas que afectan a todos.

Dado el carácter hermenéutico de la teoría en la que nos hemos basado, el antideterminismo que la caracteriza, vale señalar que el ámbito de lo irracional no puede ser desplazado por fuera de lo humano, ni mucho menos condenado a la incomprensión; la tarea de una razón comunicativa es la de dotarlo de sentido, de un sentido compartido que, antes que anular la subjetividad, pretende valorarla y redimensionarla desde la intersubjetividad.

"Esperamos racionalmente algo sobre lo que no tenemos ningún conocimiento, porque está más allá de nuestro horizonte espacio-temporal, pero cuyo conocimiento desearíamos tener. En el caso de las esperanzas racionales, la esperanza supone la movilización de nuestras energías, para invertirlas en tareas cuya realización puede o no guiarnos hacia el objetivo deseado, pero sobre las cuales puede afirmarse, con una cierta seguridad, que no nos llevarán por mal camino" (Heller y Fehér, 2000: 249).

La racionalidad dialógica por la que propende la Ética Discursiva –regentada a su vez por la búsqueda de entendimiento y la generación de condiciones educativas para el ejercicio de la autonomía y la construcción de la solidaridad social– tropieza con enormes dificultades en el terreno de la práctica, en el mundo de todos los días, en nuestros contextos escolares.

Quienes se encuentran directamente involucrados en procesos de educación moral (maestros, estudiantes, directivos de escuela y padres de familia), no suelen apoyar muy a menudo sus acciones educativas en procesos fuertes de intelección moral, pues les resulta más fácil y efectivo participar en una lucha por la imposición de criterios. De este modo, no sólo se contraviene todo tipo de intención formativa orientada a la inclusión y el reconocimiento del otro, la promoción de la convivencia pacífica y el enfrentamiento racional de situaciones conflictivas, sino que, también, se patentiza el gran abismo existente entre el *deber ser* y la realidad social concreta que es objeto de transformación, lo que mantendría en un nivel puramente abstracto la idea de la comunidad de comunicación —como comunidad de sentido— y toda apuesta por una educación moral libertaria.

Las reflexiones sistemáticas sobre la moral siguen estando hoy restringidas al tratamiento que de ella hacen los especialistas —filósofos, lingüistas, sociólogos—, lo cual nos plantea a los investigadores en ciencias sociales, entre otros, el reto de explicitar y justificar, en contextos reales-situados, las múltiples y complejas relaciones existentes entre ética y educación. Se trata, entonces, de construir con los maestros un marco teórico normativo a partir del cual pensar las experiencias de formación y las prácticas pedagógicas cotidianas, a la luz, por ejemplo, de lo que significan conceptos como el de responsabilidad moral. En sentido ideal, se trata de que las investigaciones filosóficas en el campo de la moral contribuyan a la función emancipatoria, que de forma particular, —y por supuesto no exclusiva— le corresponde asumir a la escuela en la sociedad.

Hemos insistido en los distintos capítulos de este libro en la idea de que la Ética Discursiva, entendida como modelo contra-fáctico (esto es: ideal, en ningún caso descriptivo) y procedimental, de carácter eminentemente teórico, puede resultar sumamente valiosa si se

asume como plataforma de reflexión crítica en el establecimiento del vínculo teoría-praxis. En síntesis, podemos señalar que sus aportes al ámbito de la formación humana se encuentran principalmente en: a) la indagación y problematización de criterios de valoración –normativos– construidos en contextos sociales específicos, como es el caso de la escuela y de su función principal: la formación moral y política, y b) la construcción de una mirada comprensiva de tales criterios, hacia el entendimiento de la compleja relación ética-política-pedagogía.

Participar en la acción comunicativa, esto es, en el tipo de acción orientada al entendimiento, implica en el sujeto el desarrollo de competencias interactivas en la relación que establece con el mundo, consigo mismo y con los otros. Ser capaz de lenguaje y acción es algo que, dadas ciertas condiciones del contexto, se va dando de forma "progresiva" mediante un proceso de aprendizaje que Habermas, en consonancia con el constructivismo piagetiano, describe así:

"El niño, al irse ejercitando en los modos fundamentales del uso del lenguaje, adquiere la capacidad de trazar los límites entre la subjetividad de sus propias vivencias, la objetividad de la realidad objetualizada, la normatividad de la sociedad y la intersubjetividad de la comunicación lingüística. Al aprender a tratar hipotéticamente las pretensiones de validez, se ejercita en las distinciones fundamentales entre esencia y fenómeno, ser y apariencia, ser y deber, signo y significado" (Habermas, 1985: 424).

Si la autonomía moral consiste, según el mismo Piaget (1971), en la superación del egocentrismo, el papel de la educación sería el de generar condiciones comunicativas que propicien este movimiento de la conciencia. Algo en absoluto imposible sin interacción y al margen de la construcción de relaciones de reciprocidad (Tugenhat, 2002: 122 y s.s.).

Aunque, en términos generales, resulta justificable la relación entre el cognitivismo de Habermas y el constructivismo de Piaget, principalmente en lo relacionado con la configuración racional del conocimiento y con la significación moral de las acciones y decisiones humanas, a partir de las cuales se asume que cada individuo es un sujeto social que participa activamente en la definición de su horizonte de sentido, es sumamente problemática la explicación lógico-evolutiva que sobre la moral ofrece la confluencia de estos enfoques,[46] especialmente cuando se hace referencia a etapas o estadios continuos que se escalan y se estructuran como si se tratara de peldaños de una escalera moral que nos conduce al reino de la autonomía.

La autonomía moral no es algo que pueda ser conquistado de forma objetiva, ni mucho menos de manera definitiva, como si se tratara del ascenso a la cima de una gran montaña desde donde una especie de héroe moral vislumbra la superioridad alcanzada, la complejidad del mundo y quizás también, la inferioridad moral de quienes se han quedado en el camino. El aprendizaje de la moral, de una moral autónoma, es una construcción tensional, sólo posible en consideración de condiciones históricamente contextualizadas.

"Si la moral es aprendida no podemos definir, de ante mano y para siempre, qué será relevante y de qué manera lo será. Nuestra experiencia más reciente nos muestra que hemos ido haciendo rele-

---

46. Véase, principalmente, los desarrollos ulteriores de Kohlberg (1981; 1984 y 2002) y el texto que Habermas dedica a explicitar y discutir las coincidencias y divergencias entre su perspectiva y la de Kohlberg (Habermas, 2000). Una presentación esquemática y crítica de la visión psicológica del desarrollo moral en Piaget y Kohlberg y de la fundamentación lógico-evolutiva de las etapas morales, según Habermas, se encuentra en Rubio Carracedo (2000: 17-63).

vantemente morales aspectos de nuestros comportamientos sociales y personales que antes no lo eran. Aunque tuviéramos, desde hace siglos, normas generales –como la regla de oro– el aprendizaje moral nos va mostrando de qué manera esas reglas se hacen pertinentes […]" (Thiebaut, 1999: 53).

La tesis del desarrollo moral de los individuos según estadios progresivos, está en consonancia con la ilusión moderna de que el curso de la historia va perfilando, de una manera u otra, el progreso moral de la sociedad. Los discursos sobre la igualdad y la justicia, las proclamas sobre la defensa irrestricta de los derechos humanos, la ampliación de las libertades civiles y políticas, y el reconocimiento y valoración de las diferencias, tienen una enorme vigencia en la discusión académica contemporánea, pero representan, al tiempo, y cada vez de manera más acentuada, la enorme deuda social de nuestras actuales formas de vida y de la manera como materializamos en el mundo de todos los días nuestros ideales de democracia.

"Ninguna victoria sobre la inhumanidad parece haber vuelto al mundo más seguro para la humanidad. Tal parece que los triunfos morales no se acumulan; pese a las narrativas del progreso, el movimiento no es lineal: las ganancias de ayer no se reinvierten, ni los bonos ganados son irreversibles. Siempre de nuevo, con cada cambio de la balanza de poder, el espectro de la inhumanidad vuelve de su exilio. Los golpes morales por devastadores que parecieran en ese momento, pierden gradualmente su fuerza hasta caer en el olvido. No obstante su larga historia, las lecciones morales siempre parecen comenzar desde cero […] No sorprende que haya razones poderosas para dudar de la realidad del progreso moral, en particular del tipo que la modernidad afirma fomentar. El progreso moral parece estar amenazado desde su centro por la forma como se promueve. Debido a la afinidad íntima entre la superioridad moral del orden y la superioridad material de sus guardianes, cada

orden es endémicamente precario y una invitación permanente al conflicto" (Bauman, 2005: 260).

No obstante, esta crítica a la idea del progreso moral, que aplica por igual al cognitivismo de la Ética Discursiva y al constructivismo del desarrollo moral –especialmente de corte kohlbergiano–, he insistido en este libro en la idea de que el marco conceptual que nos ofrece la Ética Discursiva nos puede resultar útil no sólo para comprender la dinámica social-comunicativa en la que nos movemos cotidianamente, sino también, y principalmente, para delinear propósitos éticos y políticos frente a la tarea de la superación de la barbarie que caracteriza por igual las guerras y conflictos armados, el autoritarismo de Estado y la creciente desigualdad que reeditan en nuestro presente latinoamericano el peso de una historia ignominiosa de sometimiento y dominación.

No debemos perder de vista las limitaciones que toda empresa teórica tiene al momento de representar la realidad social y de proyectar sus transformaciones. Hay que admitir la impotencia de los modelos teóricos para hacer de este mundo un lugar más habitable, mientras se mantenga y acentúe la brecha económica y social entre el primer mundo y el resto de la humanidad. Con las mismas esperanzas que he cifrado aquí en la experiencia formativa orientada moral y políticamente, María Teresa Yurén precisa:

"En la historia que vivimos día con día en la región, también se pone de manifiesto que aunque la eticidad no coincide plenamente con la acción comunicativa, esta última es indispensable para alcanzarla. Y, por último, nos muestra que el sujeto de la eticidad ha de emerger desde la subalternidad, desde la condición de explotado y oprimido y que si bien ha de ser un comunicador, tendrá que ser, ante todo, un sujeto que mediante su actividad es capaz de objetivarse, de transformar las estructuras culturales, sociales y políticas y de realizar los valores sociales (justicia, democracia, soberanía, etc.) […] Es en este punto justamente en el que el proceso educativo entendido como formación de sujetos adquiere mayor significatividad" (2003: 118-119).

La Ética Discursiva opera no sólo como crítica ideológica a nuestra época, a la positivización de diversas esferas de la vida (Vgr. moral, política), sino también como una perspectiva teórica capaz de orientar o enmarcar una praxis educativa liberadora.[47] Sin embargo, sus defensores deben enfrentarse con retos ineludibles, entre los cuales podrían destacarse: a) la necesidad de superar cualquier sesgo etnológico (eurocéntrico) que acaso se encuentre presente en sus formulaciones teóricas; y b) la exigencia de un diálogo teórico y metodológico productivo en el plano de las experiencias educativas particulares y no en el de la pura abstracción especulativa.

Reconocer que todo tipo de racionalidad es histórica, significa considerar, al mismo tiempo, las condiciones contextuales de los actores sociales, sus formas de vida y sus relaciones de poder, las tensiones que generan las hegemonías ideológicas y económicas, y la permanente pugna entre distintas visiones de mundo. Esta es la razón por la cual en Latinoamérica nos resulta inaceptable la idea de una modernidad europea homogénea con la que sólo podemos establecer una relación especular. Nuestras hibridaciones culturales nos obligan a reinterpretar, problematizar y resignificar histórica y sociológicamente los ideales de la Modernidad (García Canclini, 1989).

---

47. Al respecto véase el diálogo sostenido entre K.-O. Apel y Ernesto Dussel en el texto *Ética del discurso, ética de la liberación* (2005).

Esto resulta particularmente válido en el plano de nuestras concepciones y prácticas políticas, especialmente en las relacionadas con el asunto de la ciudadanía. Este concepto, si bien para las sociedades occidentales con democracias relativamente estables no sólo está muy interiorizado sino que, además, tiene referentes concretos en la vida de todos los días, para el caso latinoamericano, sin embargo, se encuentra vinculado a una lucha permanente por la defensa de los derechos humanos fundamentales y se traduce en proyectos políticos, la mayor de las veces de carácter defensivo, que, justamente, por actualizar su vigencia nos advierten permanentemente sobre la fragilidad de nuestras democracias.

La ciudadanía no es, en nuestro caso, ni mucho menos, un asunto resuelto. Se trata de la pretensión política de una sociedad insatisfecha y en permanente tensión de conquistar cada vez mayores posibilidades de vida digna, lo cual, por supuesto, no es posible al margen de la realización de ideales de justicia. En este sentido, nuestra pretensión de ciudadanía apela tanto a realizaciones políticas concretas como a idealizaciones morales abstractas, que no por ello son irrealizables.

Nuestro concepto de ciudadanía, señala Samuel Arriarán (1999: 10), "más allá de expresar un déficit de la vida pública, manifiesta la ausencia de una ética comunitaria basada en el prejuicio de la igualdad de la condición humana, así como de una comunidad ideal de comunicación"; y si somos lo suficientemente concientes de ello, no podemos dejar de lado las responsabilidades personales y políticas que implica afrontar toda forma de imposición y dominación, provenga de donde provenga.

En Latinoamérica, la idea de la ciudadanía va de la mano de la defensa de la identidad cultural (que no es lo mismo que su sacralización), de la reivindicación de los derechos humanos universa-

les, de la lucha por la autonomía individual y por la capacidad de autodeterminación como pueblos y como región. En suma, todo aquello que no es posible al margen de la obtención, recuperación o ampliación del control social que ejercen los ciudadanos a las instituciones del Estado y al curso de la economía.

Vale la pena tener en cuenta aquí, que no existe algo así como la forma más acertada de ser ciudadano. Un ciudadano puede comportarse de forma *políticamente correcta* ante situaciones en las que no se requiere sino prudencia o discreción y, en términos generales, podríamos admitir que actuar de esta manera es actuar de forma razonable, sin embargo, algunas veces ello significa tratar a los otros con indiferencia, indolencia e, incluso, cinismo. De este modo, aunque la ciudadanía nos resulta una condición política razonable, no toda expresión política razonable representa un caso deseable de ciudadanía. Cuando se habla de ciudadanía no se habla de una entidad puramente abstracta, sino de una idea –ético-política– reguladora mediante la cual se pretende orientar comportamientos sociales, articular intereses colectivos y considerar y reconocer distintas concepciones del mundo no excluyentes entre sí.

"Por el hecho de adherir a aquella forma social de vida que nos parece más racional, aspiramos a que otros hombres y otras sociedades las puedan compartir y luchamos por conseguir universalizarla. Pero nunca podremos estar seguros de que nuestro ideal coincida, de hecho, con la racionalidad en sí y por sí, lo que sin duda constituye un argumento poderoso para admitir la competencia democrática de otros ideales de vida alternativos" (Muguerza, 1977: 119).

La formación de una ética ciudadana exige a todos los involucrados moverse en un ámbito más amplio que el de la transmisión cultural y el de las experiencias de socialización –en ningún caso neutrales–; implica un esfuerzo de comprensión, reflexión y, por

supuesto, impugnación de los fines ideológicos, valores e intereses particulares de quienes se fortalecen en la desigualdad y se favorecen con su reproducción. En este sentido, Agnes Heller (1998: 215 y s.s.) ha sido enfática al afirmar que no es posible una ética ciudadana sin la formación de virtudes públicas; y lo que hemos visto hasta ahora es que dicho proceso implica, al menos, educar en y para *la sensibilidad*; construir nuevos y auténticos significados de aquello que solemos llamar *solidaridad humana*, y otorgarle un sentido vivencial a ideas tales como las de la *confianza* y la *reciprocidad*. La escuela, en tanto institución social encargada de generar aprendizaje —reproducción, contraste e impugnación de tradiciones culturales—, contribuye a la emancipación de la sociedad sólo si propicia una reflexión intencional de nuestras experiencias vitales —como forma básica de racionalización—, si favorece comprensiones descentradas de nosotros mismos y de nuestro mundo de todos los días, pero, principalmente, si ampara la sensibilidad y la crítica frente las acciones y decisiones humanas que a todos afectan.

Tres tensiones
de nuestra moral ciudadana[48]

Carlos Thiebaut

Estas líneas intentan explorar algunos núcleos de tensión en nuestra experiencia moral contemporánea, una experiencia problemática y atravesada de cuestionamientos. En esa tensión hay algo viejo y algo nuevo. Hay algo viejo y recurrente, pues, contra tantas imágenes de las morales estáticas, parece que podemos pensar que el concepto de moral siempre supuso una estructura de cuestionamientos y problemas; pero, a la vez, y por evitar incluso aquí la paralizante actitud de que nada nuevo hay bajo el sol o de que el presente es la reiteración de lo ya acontecido, no parece que la estructura tensa de nuestra moral, o de nuestras morales, lo sea siempre por las mismas razones, siguiendo los mismos cauces u obedeciendo a las mismas pautas. Eso que llamamos *la moral* es siempre estructuralmente problemático y estructuralmente innovador. Por ello, partiremos de lo *viejo*, de algunas breves aclaraciones sobre el concepto de moral,

---

48. Este texto procede de diversas presentaciones de seminarios impartidos en España en los últimos tres años. Ha sido publicado en versiones anteriores por la *Fundación Pablo Iglesias*, en Madrid, y por la revista Leviatán.

para mostrar que lo que podamos entender por tal término incluye siempre –o frecuentemente, al menos– tales problematizaciones, cuestionamientos y tensiones. Estas aclaraciones nos suministrarán algunos instrumentos para dedicarnos con mayor detenimiento a lo *nuevo*. Sugeriremos, entonces, tres núcleos de tensión de la moral ciudadana en las sociedades complejas contemporáneas. La tensión entre los elementos universalistas o cosmopolitas y las querencias particularistas de nuestros conceptos morales será el hilo conductor para el análisis de esos tres focos de tensión de la moral ciudadana actual. Estaremos, pues, sugiriendo que esa tensión entre una ciudadanía cosmopolita y una ciudadanía local o particularista –una tensión de realidades y no sólo de conceptos– es el centro de lo que de problemático, y problemáticamente innovador, tiene nuestra experiencia moral.

1. La moral como problematización, complejidad e innovación

Por moral solemos entender las maneras como nos comportamos en relación con valores que sostenemos y a los que apelamos como justificaciones y motivos últimos de nuestros actos. No siempre nos comportamos como quisiéramos o como debiéramos, pero eso no parece negarle su papel a esos valores últimos que están, difusamente, presentes en nuestro discurso, pero que tienden a convertirse en tribunal supremo de nuestras apelaciones. Estos valores morales tienen, con frecuencia, un rostro borroso. Empleamos los términos *libertad, rectitud moral, igualdad, responsabilidad* o *felicidad* de maneras muy diversas y no siempre coincidimos todos, o cada uno en diversos momentos y situaciones, en su uso y en su significado. Nos es más difícil definir esas palabras que saber quién es feliz o infeliz, quién es libre o es esclavo, de la misma manera que nos es más difícil saber qué es la verdad que afirmar que un enunciado es verdadero o es falso. Este tipo de nociones abstractas funcionan porque son, la vez,

espontáneamente borrosas y espontáneamente significativas y no parecemos necesitar, para emplearlas con significado en el lenguaje cotidiano, de teorías epistemológicas o éticas que nos las aclaren y precisen. Pero eso sucede sólo en tiempos y en circunstancias aproblemáticas. Son aproblemáticas aquellas circunstancias en las que los hablantes coinciden en las definiciones básicas y relevantes de su situación, de aquello sobre lo que se comunican y en las que comparten y coinciden acerca de sus referencias al contexto. (Por ejemplo, se comparte una misma imagen o conjunto de definiciones de lo que es ser infeliz en esta circunstancia y con respecto a lo que se comenta o discute y eso nos lleva a decir que alguien es infeliz tras algún cambio en su vida o que, por el contrario, es inmensamente feliz debido a ese cambio o algún otro motivo que describimos, etc.). En resumen, son aproblemáticas aquellas circunstancias en las que damos por supuesto que nuestros conceptos funcionan como elementos espontáneamente significativos. Pero, las circunstancias aproblemáticas puras no son lo más frecuente, pues sucede que, al menos, cuando discutimos o conversamos, cuestionamos con frecuencia nuestras descripciones espontáneas y las que les suponemos a los otros sobre cómo aplicar y con qué efectos los términos que empleamos. Sobre nociones compartidas se alzan desacuerdos, y lo que compartimos aproblemáticamente (el conjunto de todas nuestras creencias no explícitamente cuestionadas) se entrelaza con focos o puntos de desacuerdo. Así, cuando hablamos de alguien, respecto al cual compartimos muchas descripciones y creencias con nuestro interlocutor, podemos también disentir respecto a que la persona de la que hablamos sea feliz o infeliz debido a las circunstancias que describimos, a la manera de hacerlo, etc. De hecho, podemos sospechar que muchas veces nuestro uso de los términos borrosos, y entre ellos los morales, opera intentando despejar malentendidos o perplejidades, problematizaciones, por el expediente de alcanzar descripciones compartidas en las que esos términos resultan significativos.

Los valores –como creencias valorativas, creencias que incorporan imágenes del bien deseable– resumen, así, descripciones de actitudes y de acciones, de objetos deseables y de maneras de desearlos, que operan como sistemas de regulación que negociamos con otros, si hay desacuerdos, o incluso con nosotros mismos, cuando cambiamos de opinión. No obstante, no siempre podemos operar con valores, con ese tipo de creencias espontáneamente borrosas y espontáneamente significativas. No es infrecuente que nos encontremos con situaciones en las que el carácter espontáneo de los valores –también podríamos denominarlo tácito– no es negociable. Pudiera ser, lo que no es raro, que no pudiéramos encontrar forma alguna de estabilizar espontáneamente dos imágenes contrapuestas de lo que es una vida digna de ser vivida, que sostienen respectivamente dos personas o dos grupos sociales. Si es menester que esas personas o grupos estén de acuerdo sobre aquello que disputan (pues puede conllevar, por ejemplo, qué deben hacer conjuntamente para que cada uno de ellos sea feliz según estime), pero es imposible el acuerdo sobre valores, cabe que esas personas decidan ponerse de acuerdo sobre alguna norma o algún principio que –a guisa de metavalor o de forma de interpretar la relación de valores– les permita, no obstante, seguir su camino común a pesar de sus desacuerdos. Pudieran, por ejemplo, acordar que sus relaciones comunes deben regirse por la norma de "cada cual a lo suyo, sin molestar al vecino" o por normas y principios, por el contrario, más cooperativos.

En efecto, si normalmente en la vida cotidiana y en las interacciones de corto alcance negociamos espontáneamente nuestros acuerdos y desacuerdos, ampliando los márgenes de borrosidad de nuestros valores, hay formas de problematización de mayor amplitud en las que no podemos acudir a ponernos de acuerdo de manera tan inmediata. Cabe subrayar dos tipos de casos en los que eso sucede para ir dando entrada a la reflexión sobre nuestra moral ciudadana, de sujetos morales en la ciudad. Puede acontecer, en primer lugar,

que dadas las dificultades de llegar a un acuerdo, por el número y la complejidad de perspectivas en juego, los hablantes no puedan acudir al expediente de compulsar sus descripciones uno a uno y caso a caso, y tengan que acudir a términos que están ya "cargados de descripciones" y que, por lo tanto, tienen estabilizados sus significados. Una forma de hacerlo es formulando normas y principios, como decíamos. Los hablantes acuden, entonces, a tipificaciones y a instituciones que solventan los desacuerdos en las descripciones y valoraciones de los comportamientos y acciones. Ejemplos de tales casos son las tipificaciones legales de las interacciones y los comportamientos o las nociones que se emplean en determinadas instituciones (como los términos científicos y culturales). En estos casos, nos remitimos a las definiciones de expertos (o de los sistemas institucionalizados de acción) y las damos por válidas, alcanzando de esta manera acuerdos generales sobre aquello que significan. Pero, también puede acontecer, en segundo lugar, que los comportamientos que juzgamos o las circunstancias a las que nos enfrentamos carezcan –incluso en el seno de alguna cultura de expertos, en el seno de instituciones funcionalmente diferenciadas– de definiciones o de descripciones claras. Puede suceder, en efecto, que los problemas sean problemas nuevos, para los que carecemos de antecedentes y que configuran constelaciones de cuestiones y de prácticas a los que nunca hemos afrontado y para los que tenemos que crear, por así decirlo, nuevos instrumentos de resolución. En este segundo tipo de casos, nuestra perplejidad demanda la invención, la creación de descripciones tipificadas y la formulación de principios de acción nuevos, y se acude, con frecuencia, a elaborar teorías (o remedos de teorías) que explican o encuadran esos nuevos problemas; entonces, le ponemos nombre a algo que antes no lo tenía (por ejemplo, lo llamamos tolerancia o globalización) y las teorías de los expertos funcionan como explicaciones y estabilizaciones de algo no previamente conceptualizado.

Los primeros tipos de casos son, por lo tanto, de complejidad social; los segundos, de aprendizaje o de innovación históricos. Las notas que marcan esos dos tipos de casos, la complejidad y el aprendizaje, se han empleado con frecuencia para definir la modernidad (otro término extremadamente borroso) o, mejor, las sociedades modernas. Éstas son sociedades complejas, al menos, en dos sentidos distintos: en un sentido, llamémosle weberiano, porque se han diversificado y pluralizado las formas de la acción social y las estructuras de la racionalidad; de esa manera, la ciencia, la moral, la política y la estética conforman esferas de acción que operan con lógicas diversas y los problemas que en ellas enfrentamos se solventan de acuerdo a esas distintas lógicas. En un segundo sentido, son sociedades complejas porque, al menos en algunas de esas esferas, por no decir en todas (incluida la ciencia), aparece una diversidad de perspectivas, de interpretaciones o de valores. Un caso especialmente relevante de esta pluralización es el de la moral y la política, en el que la complejidad social se define por la diversidad de ideologías (es decir, de definiciones de lo que sucede y de propuestas de acción) y de valores morales (o de las apelaciones últimas a las que antes nos referíamos). La diversidad de esferas de acción y la pluralidad valorativa marcan el horizonte de nuestras identidades y determinan los procesos de conformación y de configuración dinámica de nuestras creencias y, entre ellas, de las descripciones con las que definimos quiénes somos y cómo somos. Por ello, en la moral y en la política acudimos, con mayor frecuencia que a los valores, a las normas y a los principios.

Este pequeño modelo, estándar y genérico, sobre los procesos de problematización y determinación de nuestras creencias en contextos de interacción complejos, es, por así decirlo, de laboratorio. De hecho, en la realidad esos procesos son mucho más complicados y están tan llenos de retrocesos, conflictos y fracasos como de avances, hallazgos y soluciones. Los siglos del ciudadano, el XIX y el XX, pero sobre todo este último, llevan la huella del conflicto y del fracaso. El siglo que concluye ha aportado, está aportando, a nuestra sensibilidad, la marca de la posibilidad y de la realidad de nuestros errores en el conocimiento, y de nuestros fracasos en la política y en la moral. Tal vez esa conciencia de falibilismo epistémico sea ella misma una adquisición de la especie, pues nunca hasta ahora, por lo que sabemos, el discurso público ha sido tan consciente de los límites de nuestra razón y de las barbaries de nuestra irracionalidad. Esta conciencia falibilista opera en diversidad de campos y cabe pensar que la aparición de nuevas problematizaciones de nuestras creencias ha generado núcleos de tensión, de tal forma que los términos con los que nos entendemos a nosotros mismos, como el de ciudadanía, se nos aparecen como conceptos tensos, cuando no directamente desgarrados, por emplear la caracterización de Carlos Pereda. Esa tensión obedece a los procesos de complejidad y a las reacciones que tal inducción de complejidad comporta y, si el modelo estándar que acabamos de presentar puede tener alguna virtualidad, podríamos sugerir que en las discusiones actuales sobre el concepto de ciudadanía, sobre la condición ciudadana, nos estamos esforzando por establecer descripciones y significados compartidos que estabilicen nuestras perplejidades. Dado que nuestra reflexión ahora no es ni histórica, ni sociológica, ni directamente política, sino de filosofía moral (una filosofía que no puede, no obstante, caminar impunemente en desconocimiento de lo que la historia, la sociología y la ciencia política analizan), indiquemos, con la ayuda de los conceptos que hemos venido empleando, la tensiones de la esfera moral de la ciudadanía. Nos fijaremos en tres grandes tensiones que cabe enmarcar en un proceso de *zoom* que parte desde lo más global a lo más particular. En primer lugar, señalaremos algunas tensiones en lo que podríamos denominar la ciudadanía cosmopolita; en segundo lugar, indicaremos las tensiones que configuran los espacios públicos de nuestra moral en ámbitos culturalmente complejos; por último, en tercer lugar, propondremos un análisis de las tensiones internas

de nuestras lógicas morales cuando razonamos como individuos y ciudadanos, al entendernos como sujetos autónomos y aspirantes a la autenticidad. Este último núcleo de tensiones nos remitirá, de nuevo, en un regreso de *zoom*, a lo global.

2. Primera tensión: las responsabilidades cosmopolitas

Indicamos hace un momento que el siglo XX ha estado marcado por una conciencia de falibilismo cognoscitivo y moral. Podemos sospechar que el hecho mismo de tener conciencia de determinados problemas es una incorporación de un nuevo aprendizaje, un incremento de conciencia que está marcando una nueva cultura. Una manera de acercarnos a este ascenso de conciencia es recordar el incremento, exponencialmente acumulado en los últimos ciento cincuenta años, en nuestras capacidades de intervención sobre el medio ambiente, sobre las diversas formas de vida, sobre nosotros mismos como organismos; ese incremento de nuestras capacidades manipulativas es, también, un aumento reflexivo o en segundo grado: no sólo podemos intervenir más, sino que sabemos que podemos hacerlo y racionalmente prever efectos en cadenas causales que se extienden en el tiempo y en el espacio. Prevemos, por ejemplo, efectos de acciones presentes sobre el futuro y sobre pueblos y geografías que no nos eran, hasta hace bien poco, cercanas. A veces nuestra previsión racional indica riesgos, cuando no catástrofes, y parece, por lo tanto, apuntar a que un comportamiento racional debiera reducir esos riesgos y a que en ello no sólo se juega la virtud epistémica de la coherencia racional sino también la virtud moral de nuevas formas de responsabilidad. El incremento de nuestras capacidades se acompaña del incremento de nuestras responsabilidades.

No siempre, no obstante, la previsión racional es posible o fácil. Si no es fácil en lo que a nuestras intervenciones sobre el mundo natural (físico, ecológico, biológico) se refiere, menos lo es aún en la intervención de la especie misma sobre sí misma. En los últimos ciento cincuenta años se han producido también cambios globales en nuestras estructuras sociales: multitud de factores, desde la explosión demográfica hasta la globalización económica y comunicativa, indican, tal vez, una aún ciega mutación de las formas de interacción entre los grupos y las sociedades. En algún momento del próximo siglo llegaremos, por ejemplo, a una cifra crítica en muchos sentidos: el número de habitantes en el planeta (bordeando, según algunos cálculos, los límites de la capacidad de carga o de sostenimiento de la Tierra) será aproximadamente equivalente, sino superior, al número total de los individuos de nuestra especie en los últimos cien mil años. (Nunca habrá habido tanta riqueza y tanta pobreza, tanta cultura y tanta incultura, tal vez tantos ideales y justicia como barbaries e injusticia). Nuestras capacidades, incrementándose en formas cada vez más aceleradas, aumentan también nuestras responsabilidades. No es irrazonable, por lo tanto, sugerir que la dimensión cosmopolita que se alumbró, religiosamente, en el helenismo y, racionalmente, en la Ilustración, se expresa hoy como fuertes demandas sobre la conciencia moral de los ciudadanos de las sociedades contemporáneas. Esas demandas, en forma de las responsabilidades cosmopolitas –la responsabilidad de las sociedades presentes con respecto a las sociedades presentes y con respecto a las generaciones futuras– atan a lo concreto y materializan la conciencia moral de los cosmopolitismos anteriores; no se trata sólo de pensar moralmente nuestros vínculos con todo ser racional, con todo miembro de la especie (o las especies racionales), como ya proclamaban los estoicos, el cristianismo o las ilustraciones, señaladamente la kantiana; se trata, también, de saber qué se espera de nuestras acciones, de nuestros comportamientos, de las maneras en las que planeamos qué haremos y por qué

lo haremos, en términos que podemos describir con alto grado de plausibilidad y de objetividad. El ciudadano no se define sólo por los derechos que tiene, sino también por las responsabilidades que objetivamente pueden atribuírsele y que se va viendo presionado a asumir conscientemente.

Esa tensión entre nuestras capacidades de intervención y de conocimiento y nuestras responsabilidades cosmopolitas, incluso la urgencia de éstas últimas, nace en gran parte de la conciencia de la posibilidad de fracaso que no desarbola la confianza en la razón —de hecho, es el análisis racional de nuestras acciones lo que hace de las responsabilidades cosmopolitas algo más que llamadas emotivas a ser solidarios con el presente y el futuro—, pero que sí la matiza y la debilita. Si no hay formas expeditas y seguras de fijar qué debe hacerse, se adensa y se abisma, aún más, la sensación de que nuestras acciones requieren la absoluta, pero insegura, seriedad de la moral a la hora de plantearlas y de justificarlas. Estas tensiones e incrementos generan, por ello, cada vez mayores demandas normativas y, desaparecidas las religiones como marco socialmente reconocido de interpretación global del mundo y de la acción, y reconocido el falibilismo estructural de nuestros conocimientos, parecería que sólo en términos éticos podemos comprender qué hacer y por qué hacerlo. Pero la ética, la razón práctica, es no menos falible que otras formas o usos de la razón, aunque a veces le solicitemos la seguridad de lo categórico, el firme anclaje de aquello de lo que no se duda, porque no podría dudarse de ello. Si hasta las normas que tipifican lo que debe hacerse ante determinado tipo de casos conocidos dejan, no obstante, cabos sueltos a la hora de pensar cómo debemos actuar a la luz de tales normas, aún menos cabe esperar que estas demandas éticas novedosas —como las responsabilidades cosmopolitas, cuyo carácter normativo es problemático— nos den seguridad o nos suministren guías claras de acción. Más bien, parecen incrementar el vértigo del presente y del futuro. Nuestra

condición cosmopolita es, paradójicamente, cada vez más exigente y, al mismo tiempo, más frágil; más exigente porque podemos formular argumentos sobre nuestras acciones que presentan con claridad qué debemos y qué no debemos hacer; más frágil porque esos mismos argumentos no nos suministran, sin embargo, claridad sobre cómo podemos hacerlo o evitarlo. Las responsabilidades cosmopolitas exigen, por indicar lo más obvio, formas e instituciones de acciones colectivas (de las sociedades presentes en relación a las sociedades presentes y futuras) cuyos perfiles son todavía profundamente problemáticos. Por buscar una frase que recoja este primer grupo de tensiones de la moral ciudadana, tenemos: el ciudadano del mundo es consciente de que sus responsabilidades, que racionalmente entiende, intensifican el alcance normativo y ético de sus actos, pero estos actos moralmente necesarios no son fácilmente traducibles en actos posibles. Parecería que la claridad de aquellas demandas de las responsabilidades cosmopolitas no se corresponde con una similar claridad cuando definimos qué debemos hacer y cómo podemos hacerlo. ¿Cómo puede un ciudadano del mundo actuar, por medios de qué instituciones, con qué criterios? Pues la paradoja del estrato cosmopolita de nuestra moral es que las demandas normativas sobre nuestras acciones, cada vez más claras y definidas, no se corresponden aún con las posibilidades de acción, con instituciones y con programas.

3. Segunda tensión: universalidad y particularidad o inclusión y exclusión

El tenso vértigo de las responsabilidades cosmopolitas se produce, a la vez, en la conciencia de los ciudadanos que se saben ciudadanos del mundo, y en el lento y torpe proceso de coordinar sus formas de acción por medio de instituciones internacionales cuyo papel es exiguo. La conciencia de lo globalmente necesario no se

corresponde con lo local e inmediatamente accesible. Esa tensión se presenta en diversas maneras, pero quizá, sobre todo, se exprese en el conflicto entre los diversos espacios de nuestra moralidad: el espacio normativo de nuestros principios, argumentos y diagnósticos, y el espacio normativo de nuestras prácticas.

Acabamos de indicar, de pasada, que las religiones habían desaparecido. Este enunciado es, a primera vista, falso por diversos motivos, aunque –cabe pensar– verdadero en el contexto en el que se formulaba y a los efectos de indicar que ninguna respuesta religiosa garantiza o asegura qué debe hacerse y por qué. Apuntaremos por qué es falso, para ir dando paso a este segundo núcleo de tensiones de la moral cosmopolita y ciudadana, el de los espacios culturalmente complejos de nuestra moral y la manera en que los espacios particulares atraen desgarradamente nuestra identidad moral.

Las religiones operan como conjuntos sistemáticos de creencias y de prácticas que interpretan el mundo y asignan valores e interpretaciones a los comportamientos. En la mayoría de los casos, las religiones son, en sociedades complejas, comunidades (en el sentido de Tönnies), y el hecho de serlo constituye, tal vez, una razón de su vigencia o de la fuerza atractora que tienen en las sociedades complejas. La noción de comunidad se refiere a un conjunto de valores compartidos (es decir, descripciones de acciones y criterios normativos para las mismas) y a un conjunto de prácticas e instituciones que coordinan esas acciones y materializan o encarnan esos criterios de manera inmediata. Sus vínculos son, por citar ahora a Durkheim, orgánicos, se toman como naturales, como no artificiales. Como Weber indicó, entre la desesperanza y la lucidez del diagnóstico, no es de extrañar que los ciudadanos que ven hacerse más compleja y menos firme, más reflexiva, menos orgánicas su identidad y su pertenencia, acudan a las religiones, a las comunidades, como refugio y como reacción; éstas suministran, al

menos, claridad, disuelven la perplejidad. Las tensiones que induce la condición cosmopolita –sus perplejidades– refuerzan el impulso hacia la seguridad que suministran las identidades sólidamente consolidadas del clan, de la etnia o de la nación, formas parejas de valores y prácticas densas que adoptan la estructura social y moral de la comunidad. Los procesos de complejidad que antes mencionamos son recientes y demandan formas de incrementada reflexividad: en ellos no podemos tomar como ya definidos ni los términos de nuestras descripciones y creencias ni las formas en las que éstas se relacionan; para hacérnoslas inteligibles tenemos que referirnos a su génesis de una manera no inmediata, acudir tanto a la historia como a la abstracción y diferenciación de las formas de racionalidad y de interacción. Por el contrario, las formas de identidad, de normas y de prácticas comunitarias se nos presentan con la fuerza de las tradiciones, con la seguridad de lo ya acordado. La dinámica conflictiva entre la pertenencia a una comunidad aseguradora y un cosmopolitismo problemático encarna, en los espacios de la moral, la tensión entre la problematización y el acuerdo que veíamos, en nuestro modelo inicial, como conformadora de la moral. Las comunidades implican acuerdo en instituciones, prácticas y valores; la dimensión cosmopolita de nuestra conciencia es todavía tentativa, problematizadora y no define aún –o sólo lo hace con fuerza en términos morales– instituciones o prácticas.

Por eso cabe presentar, como acabamos de hacer, este primer rasgo de la comunidad –la solidez del conglomerado de prácticas, normas y valores que reducen complejidades y que se presentan con validez inmediata– como si fuera parte de un momento reactivo frente a las demandas de un cosmopolitismo creciente. Pero, podría objetarse que caracterizar el reclamo de la comunidad sólo como reacción requiere algún análisis o justificación ulterior. Pudiera pensarse, en efecto, que no siempre la particularidad de la comunidad atenta o reacciona contra el estrato cosmopolita de

nuestra conciencia y que el reclamo comunitario es, por el contrario, una sana reacción contra la deshumanización de los procesos de globalización y complejidad contemporáneos, que sólo tienen un rostro perfilado en las interacciones económicas, militares y mediáticas. En efecto, bajo el reclamo de la comunidad aparecen tanto, por una parte, estos irrebatibles argumentos de que nuestra pertenencia está siempre social e históricamente circunscrita, como, por otra, las tendencias reactivas a los incrementos de la reflexividad y complejidad a los que nos estábamos refiriendo, y a las formas predominantemente abstractas y ciegas a la diferencia en los que se realiza esa reflexividad y complejidad. La segunda tensión de nuestra moral ciudadana se expresa en diferentes comprensiones y definiciones del espacio moral de nuestra acción.

La noción de comunidad es una noción moralmente atractiva, o imprescindible, por diversos motivos y en diversas claves. No sólo la comunidad se refiere a la seguridad de las creencias compartidas. También juegan a su favor diversas tesis genéticas: nos hacemos individuos en los grupos en los que nos socializamos y nuestras socializaciones morales son formas de introyección de creencias socialmente compartidas. En términos políticos, la ciudad antecede temporalmente al ciudadano y la moral de éste parece ser un caso o una función de aquella. Por ello, no siempre las querencias de la comunidad son reacciones o restricciones de la complejidad, patológicamente excluyentes; las diversas tradiciones republicanas han acentuado los rasgos de solidaridad común de maneras que conforman un núcleo central del pensamiento y de la cultura emancipatoria. El joven Hegel y el no tan joven Marx son también ejemplos de esa herencia. Y no sólo desde los diversos socialismos y republicanismos se recupera y reactualiza la idea de comunidad. Dada la necesidad del referente comunidad, también las tradiciones liberales contemporáneas, aquellas que parten de las ideas de individuo autónomo y de los derechos individuales,

han buscado recomprender, en términos no comunitaristas, alguna noción de la vinculación orgánica del ciudadano y la ciudad, vía, por ejemplo, la idea de asociación (Tönnies), la de esfera pública (Habermas) o la de unión social de uniones sociales (Rawls). Cabe pensar, en efecto, en comunidades cosmopolitas que eduquen a sus miembros en la perspectiva de toda la especie humana y que canalicen en sistemas de acción la resolución de sus problemas. Esta comunidad liberal (al decir de Dworkin) no sería la que se constituye al pensar sólo en sí misma, al estructurar su conciencia sólo desde sí misma; sería también una comunidad atravesada de complejidad y de innovación.

Pero, a la vez, ese reclamo comunitario basado en la fuerza de la naturalidad, de la seguridad, del acuerdo compartido, encarna y materializa una reacción polar contra las demandas de nuestra conciencia cosmopolita, una conciencia que no se materializa aún (y el adverbio temporal es importante) en formas institucionales, en prácticas y en criterios normativos claros. Se multiplican los signos de sospecha ante el universalismo y el cosmopolitismo. Se comprenden los procesos sociales de la complejidad cosmopolita bajo el rótulo de la globalización, el pensamiento único y la interdependencia, como si tales rótulos dictaran la férrea ley de lo inapelable, de lo incontrolable y de lo inhumano. La globalización se entiende como un proceso de abstracción, de formalización, que desconoce y desconsidera las particularidades de la tradición, la cultura, la lengua, la geografía y la historia; es ciega, por lo tanto, a las necesidades inmediatas, a las demandas −también morales− de la justicia en el aquí y el ahora. A la vez, por medio de tales consideraciones, se carga a tales procesos de una pérfida fuerza negativa. Si la realidad de las sociedades complejas no puede no ser global, pero carece, por ello, de la sustancia y materialidad de aquellos acuerdos ya consolidados −parece sugerirse−, encontremos en lo local, en lo particular, esa sustancia y materialidad ausentes.

El problema al que apunta, pues, este segundo núcleo de tensiones de la moral ciudadana es el del conflicto entre una cultura cosmopolita y una cultura comunitaria que define la identidad en términos de particularidad. Pero, esas dos culturas, sus lógicas, sus formas de pertenencia, encarnan un proceso conflictivo más, además del indicado entre la seguridad y la problematización. El momento cosmopolita, que hemos visto encarnarse en descripciones racionalmente justificables de los nexos causales de nuestras acciones al hablar de las responsabilidades cosmopolitas, incorpora la larga herencia de los universalismos éticos de nuestra cultura. El momento cosmopolita de nuestra moral opera, así, con una lógica de inclusiones, una lógica expansiva: incorpora o tiende a incorporar elementos y consideraciones nuevas; amplía, en términos geográficos y temporales, su alcance. Al hacerlo, emplea como conceptos significativos y en descripciones válidas un conjunto de categorías que se definen por su generalidad, por su universalidad; no son valores densos, sino principios que es menester adensar en cada circunstancia en la que son relevantes; opera con un vocabulario genérico, pero inclusivo, formal pero potencialmente material: el género o la especie humana, la dignidad del individuo, los derechos humanos. Las formas de pertenencias particulares tienden a definirse, por el contrario, por las tendencias a la exclusión, a la definición de lo que se es por el expediente del rechazo de aquello que no se es. La cultura particular, la comunidad, tienden vertiginosamente a definirse por sus fronteras, por sus límites: un serbio no es un croata, un bosnio no es ningúno de los dos; todos ellos (algunos más que otros) se definen por la negación que cada uno hace de los demás. No siempre la lógica de la pertenencia particular tiene que ser arrastrada a tal vértigo excluyente; pudiéramos pensar que una forma de identidad diferencial –aquella que indica, simplemente, "A no es B"– no tiene porqué deslizarse en la identidad excluyente "A es la negación de B". Ciertamente, no es necesario que la diferencialidad concluya lógicamente en la exclusión; lamentablemente, la diferencialidad se

ha articulado, se está articulando, políticamente como exclusión. Cabe pensar, por ello, que si, por una parte, la lógica cosmopolita tiene ante sí la prueba de fuego de hacer que su inclusión no sea ciega a las particularidades de nuestros contextos de socialización, para, precisamente, ser relevante en ellos, por otra, la lógica comunitaria tiene que superar la no menos importante prueba de hacer que su pertenencia diferencial y concreta no sea excluyente.

Este contraste entre la lógica inclusiva, universalista en el tiempo y el espacio, del momento cosmopolita y la lógica exclusiva, particularista, de la cultura de la comunidad de pertenencia, puede ser exagerado de diversas maneras: los nacionalismos patológicos (xenófobos y etnocidas) y los cosmopolitismos desarraigados, ciegos a las particularidades culturales, serían ejemplos de esos extremos. Nuestras argumentaciones morales y políticas pueden tender (lamentablemente) a argumentos vertiginosos que adjetiven a quien no concuerda con nosotros en alguna de esas posiciones. Pero, más peligrosamente aún, nuestras prácticas morales y políticas pueden incurrir, igualmente, en exclusiones que no son sólo argumentativas, sino en las que se decide la vida y la muerte, el daño y el sufrimiento del excluido por ser distinto.

Por eso, es plausible indicar que el contraste entre las lógicas morales de la inclusión y de la exclusión conforma una tensión determinante en el espacio moral de nuestra moral ciudadana. Las dos lógicas polares que veremos reproducirse en el tercer núcleo de tensiones que analizaremos, se concretan en diversidad de procesos que marcan conflictivamente la ciudadanía moral contemporánea. Hemos aludido, aunque sólo de pasada, al daño de los excluidos, de las víctimas. No quisiera que la brevedad de la alusión restara importancia a ese rasgo de la conciencia de la inmediatez, de la barbarie, a su posibilidad actual, un rasgo que antes indicamos como especialmente característico de nuestro siglo y que ahora podemos

redefinir como un fracaso moral que tiene una de sus raíces en las lógicas de la exclusión de nuestras identidades culturales y políticas. Otros rasgos de esta tensión aparecen, con menor virulencia, en lo que se ha denominado multiculturalismo (la convivencia en el mismo espacio de diferentes comunidades culturales). Las crecientes demandas sobre las instituciones culturales, jurídicas y políticas, para articular formas de convivencia de los distintos en un mismo espacio, cada vez más expansivo, es un ejemplo cercano del intento de comprender inclusivamente las formas de la diferencia cultural, que tiene sus raíces en la idea de la tolerancia, probablemente la perspectiva moral y política más innovadora de la modernidad.

Este segundo núcleo de tensiones de la conciencia moral ciudadana no sólo se muestra como un conjunto creciente de demandas sobre las formas de institucionalización de la convivencia. Influye y requiere un paso ulterior de análisis, el de la formas de antropología política y moral de los individuos que viven las tensiones que estamos analizando. A ello se refiere el tercer elemento de nuestra tensa conciencia moral y que quisiera rotular como la tensión entre la autonomía y la autenticidad.

4. Tercera tensión: autonomía y autenticidad

Si la definición del espacio de nuestras acciones está sometido a tensiones e interpretaciones conflictivas, ¿cómo serán los individuos, cómo tendrán que serlo, para habitar esos espacios tensos, para afrontar las atracciones de las lógicas de la inclusión cosmopolita y de la exclusión particularista? ¿Cómo pueden esos individuos afrontar también la pulsión de la seguridad, la necesidad de acordar sus creencias con sus conciudadanos? ¿Cómo pueden ejercitar la capacidad de innovación ante problemas aún no solventados, casi sólo esbozados o planteados? ¿Cómo serían, tendrían que ser, los

habitantes de una sociedad compleja y atravesada de incrementadas diferencias?

Cuando nos preguntamos cómo son o habrían de ser los ciudadanos en una cultura moral y política, solemos acudir, de entrada, a analizar cuáles son o deberían ser sus virtudes, los modos socializados de ser, sus maneras de comportarse. La noción de virtud, desde los tiempos clásicos, define expectativas de comportamiento y marca pautas de acción. Pero, también desde los tiempos clásicos, las virtudes implican algo más: nos hablan no sólo de cómo se espera que los individuos se comporten, sino también de las maneras en que han de pensarse como ciudadanos, justificar sus actos, establecer sus decisiones. Las diversas virtudes incorporan, pues, elementos descriptivos (que emplean los ciudadanos para definir sus mutuas expectativas, por ejemplo, en forma de valores) y elementos normativos (que cumplen el papel de establecer criterios justificados de validez de sus actos y maneras de ser, por ejemplo, en forma de principios). Nuestra indagación sobre cómo podrán ser, deberían ser, los ciudadanos cuya moral indagamos, tiene que ver, por lo tanto, con esa bifronte idea de virtud. El catálogo de las virtudes clásicas ha sufrido cambios semánticos importantes y puede pensarse que esos cambios se corresponden tanto con las diferentes moralidades sociales (las creencias normativas que han sostenido diversas sociedades en la historia, sus prácticas y sus instituciones), como con diferentes maneras de entender qué es la moral. Por mencionar un ejemplo ya apuntado, y al que regresaremos, la modernidad ha incorporado diversas virtudes, como la de la tolerancia, y esas virtudes (quizá, sobre todo, virtudes públicas como las ha llamado Victoria Camps) remiten tanto a nuevas institucionalizaciones de la convivencia como a maneras normativamente justificadas de argumentar y de ser, correctamente, sujetos morales y ciudadanos.

Al igual que en el mundo clásico, donde el catálogo de virtudes acababa por arrojar una imagen del ciudadano ideal (el prudente, el autárquico, etc., según las escuelas y los momentos), cuyos rasgos descriptivos se aglutinaban en torno a una categoría básica que se entendía como *la* categoría moral por antonomasia (la prudencia, la suficiencia), cabe pensar que la modernidad ha procedido con un expediente similar. Dos nociones se han propuesto como candidatas para aglutinar y comprender al sujeto moral moderno: la idea de autonomía y la de autenticidad. La primera, sobre todo en sus formulaciones ilustradas –por antonomasia, la kantiana–, indica que el comportamiento moral remite al individuo, al ciudadano, al sujeto como única fuente de normas válidas. La segunda, ligada a las resacas románticas y existencialistas, apunta a que la forma primera de la conciencia moral y de la existencia moral es tanto la veracidad, el no engaño, con la que asumimos las tareas de nuestra existencia, como la verdad de aquello que creemos. Ambas candidatas coexisten, de manera tensa y conflictiva, en nuestras imágenes de lo que sería la virtud del ciudadano en las sociedades contemporáneas. A la noción de autenticidad le sucede algo similar de lo que hemos apuntado con respecto a la noción de comunidad: es un potente foco atractor de las culturas contemporáneas, porque contiene un elemento casi imprescindible de la vida moral. Por una parte, apunta al ideal de una vida no engañada, no alienada, iluminada. Indica, en efecto, que es verdad aquello que creemos y que son verdad aquellos valores que sostenemos. Por otra, indica que no nos engañamos al sostener esos ideales. El ideal romántico y existencialista de autenticidad fascinó y fascina por igual a los pensamientos emancipatorios y a los pensamientos conservadores. Los primeros, acentuando (como hoy en día Taylor) que el ideal de autenticidad es un ideal de resistencia ante las opacidades del presente y que apunta a una vida moral, individual y colectiva, no distorsionada. Los segundos, insistiendo en la verdad de lo hasta ahora creído y en el engaño de las nuevas formas de complejidad.

A pesar de éstas u otras distorsiones, ese ideal moral, esa imagen del yo moral deseable y de la recta ciudadanía, apunta a una dimensión central de la vida ética: a la relación que sostenemos con aquello que creemos y a la búsqueda y el cuestionamiento, por la rectitud y la validez de lo que creemos. La dimensión de la autenticidad opera, así, en la formulación de valores y en la disputa sobre los valores; conserva, pero también innova.

La noción de autonomía, por contraste, no se refiere a la lógica nuestra de sostener creencias válidas o de revisarlas, sino que opera, por así decirlo, con una lógica diferente, que no es asertiva, sino presuntiva. Si alguien nos indica que persigue la autenticidad en su vida, tenemos diversas formas de compulsar y validar sus afirmaciones (podemos emplear, por ejemplo, los expedientes de comprobar la coherencia entre sus razones y sus actos, la correspondencia de sus creencias y sus hechos). Pero, por el contrario, no hay forma de verificar que alguien es autónomo; siempre cabe sospechar que sus protestas de autonomía obedecen a alguna suerte de determinación.

El reclamo de la autenticidad puede ser siempre criticado y la idea misma de autenticidad, que contiene, como dijimos, un elemento de sospecha y de crítica interna, no responde a la sospecha de que tal vez la dimensión moral misma no sea un colosal autoengaño (así, las críticas de Nietzsche y el marxismo). Podemos sostener que la idea de autonomía es el expediente que salva a la dimensión moral de las sospechas, siempre posibles, de que esa dimensión oculta otra cosa. Si la idea de autonomía ha sido, en las teorías éticas y las teorías políticas, una noción clave para articular las morales cosmopolitas y universalistas y las estructuras normativas basadas en los derechos individuales, es porque, a pesar de que vivamos vidas distorsionadas y engañadas, de que desconociéramos quiénes somos, pensamos que debemos tratarnos unos a otros como si fuéramos sujetos autónomos, poseedores de la dignidad que requiere el respeto de todos y de cada uno. La lógica de la autonomía es aquella peculiar lógica que nos supone a todos y a cada uno como una fuente válida de demandas normativas y tribunal último de nuestra racionalidad, a pesar de que otras consideraciones puedan sospechar que no somos libres, que estamos engañados o que perseguimos ocultos intereses. La lógica de la autonomía no sólo es presuntiva, atributiva. Lo importante es que generamos a partir de ella todo un sistema de instituciones, de posibilidades y de restricciones, que configuran otro núcleo clave de nuestra vida moral: el sistema de derechos, los mecanismos de control, las distribuciones de poder. La dignidad moral y política del ciudadano de las sociedades democráticas se apoya en esa lógica.

Las dos lógicas que hemos indicado, la lógica asertiva de la autenticidad y la lógica presuntiva de la autonomía, operan como dos registros en la comprensión de nuestras interacciones. Esos dos registros pueden, no obstante, entrar en tensión de diversas maneras. Si damos primacía, radicalmente, por ejemplo, a la lógica de la autenticidad, llegamos a formas extremadamente individualistas o comunitaristas de entender los espacios morales. Si destacamos, en el extremo opuesto, la lógica de la autonomía, llegamos a formas exageradamente formales de conceptualizar esos espacios. Un ciudadano sólo auténtico –que sólo habite el espacio moral de los valores para él verdaderos– carece de las ideas de respeto a las diferencias y de simetría en el espacio público expansivo. Un ciudadano sólo autónomo –aquel que habite sólo en el espacio de la atribución normativa del respeto, que se expresa en principios y normas universales– pierde de vista los vínculos que cada uno sostiene y que él mismo sostiene con las creencias y con la capacidad de revisar esas propias creencias. Si nos fijamos ahora en la política, en el espacio político de la convivencia, una noción sólo auténtica de la política arrastra, vertiginosamente, hacia las estetizaciones y

las definiciones excluyentes; mientras que una noción sólo autónoma olvida los entendimientos culturales que subyacen a nuestros acuerdos e instituciones.

La antropología moral y política del ciudadano está constituida por el tenso equilibrio –un equilibrio que quisiéramos que fuera, a su vez, virtuoso– entre nuestra autonomía y nuestra autenticidad. Ese equilibrio sólo puede resolverse si ese ciudadano es un ciudadano reflexivo. Con la idea de reflexividad quiere aquí apuntarse al correlato, en la esfera de nuestra subjetividad moral, de la complejidad que indicamos era el rasgo central de las sociedades contemporáneas, y ese correlato puede definirse de diversas maneras. Por apuntar, aunque sea brevemente, a mi manera de entenderlo, diría que está marcado por las siguientes notas: un sujeto reflexivo es aquel que, en primer lugar, puede y sabe atender tanto a la universalidad de las demandas morales atribuibles a todo otro sujeto como un sujeto autónomo, como a la particularidad de las interpretaciones que cada uno haga de sus propias demandas e intereses. Por eso, en segundo lugar, un sujeto reflexivo es aquel que sabe ubicarse en el lugar de otro, de todo otro, como alguien diferente con quien puede, no obstante, encontrar marcos razonables de convivencia. En tercer lugar, un sujeto reflexivo es quien sabe que las creencias que sostiene pueden ser siempre revisadas y discutidas a la luz de los aprendizajes que adquiere, al ponerse, simétricamente, en el lugar del otro, y cuando al hacerlo, establece formas de convivencia.

Podría pensarse que estas marcas del sujeto reflexivo son un ideal en exceso abstracto y que tal retrato desconoce los elementos turbadores (los intereses, las pasiones, las irracionalidades) de nuestra vida moral ciudadana. Este esbozo apresurado ha retenido, no obstante, un elemento de tensión en nuestra antropología moral, que recoge y remite a las tensiones que hemos venido analizando. La tensión entre autonomía y autenticidad remite, dijimos, a la

tensión entre la inclusión y la exclusión de nuestros espacios morales. Remite también, en el zoom del que partíamos, a las demandas de las responsabilidades cosmopolitas y a las perplejidades que suponen, pues la atribución universal de autonomía es expansivamente cosmopolita y la aserción de la autenticidad remite a las formas institucionales, culturales, de nuestras creencias morales.

El esbozo del sujeto reflexivo, del ciudadano moral de una cosmópolis compleja, no sólo es, pues, un ideal abstracto. Es también un modelo que recoge lo que entendemos por nuestra tensa moralidad. Concluiremos apuntando cómo ese esbozo tiene mayor encarnadura de la que pudiera haber hecho sospechar la rapidez de los rasgos que hemos empleado. Un sujeto reflexivo como el indicado es, precisamente, un sujeto tolerante (aunque no sólo tolerante). Arriesguemos la formulación de que la idea de tolerancia es, en la esfera moral y en la política, el centro de nuestra vida moral, si es que los diagnósticos anteriores no andan en exceso errados. La tolerancia no es sólo una virtud ya culturalmente asumida como una respuesta ante tantas acumuladas barbaries. Esa idea, que ha sufrido (también, como otras virtudes) importantes cambios semánticos, se encamina a configurar, a la vez, una forma institucionalizada de convivencia (por medio del sistema de libertades, individuales y públicas, de creencia, expresión, etc.) y un retrato de quienes conviven, unos ciudadanos que por tales, pueden restringir sus desacuerdos en la búsqueda del acuerdo sobre el espacio público que comparten. Al igual que no podemos, sin malabarismos intelectuales, imaginar una sociedad autoritaria habitada sólo por tolerantes, tampoco podemos razonablemente imaginar una sociedad tolerante y plural habitada por intolerantes (a pesar de aquella idea kantiana de regular racionalmente una sociedad de demonios). Así, lo que la reflexividad es en la consideración de la antropología mental del ciudadano contemporáneo, lo es la tolerancia en la definición de sus relaciones con otros en el espacio público. Sólo si somos reflexivos

podremos ser tolerantes; sólo aprendiendo tolerancia llegaremos a ser reflexivos.

La moral, decíamos al comienzo, es la búsqueda de criterios normativos de acción ante un conjunto de problematizaciones y cuestionamientos. Esos criterios pretenden estabilizar acuerdos y resolver, en la acción, nuestras perplejidades. La moral, atravesada de irresueltas tensiones, se propone ideales y establece criterios para juzgar la validez de esos ideales. Al hablar de los núcleos de tensión de nuestra conciencia moral contemporánea, al analizar las dimensiones expansivas de nuestra racionalidad moral, al indicar la dinámica de inclusión y exclusión que atraviesa la concepción del espacio moral y político en el que habitamos y al subrayar algunos elementos del ciudadano entendido como sujeto moral, hemos ido proponiendo los rasgos de un ideal: el del ciudadano como un sujeto moralmente reflexivo. En nuestro análisis, la descripción de lo que acontece en nuestra moral ha ido dejando paso a lo que debiera acontecernos como sujetos de acción. La imagen ideal del ciudadano ha ido acentuando, así, su carácter normativo, su fuerte demanda ética; pero ello no nos ha sacado del mismo lugar del que partíamos: la coyuntura mutada de un nuevo universalismo, que ha ido abandonando su mero lugar ideal para aterrizar en vínculos materializadamente morales en los que ubicamos nuestras obligaciones ante el presente y el futuro, es el espacio en el que el ciudadano reflexivo se constituye.

Referencias

Alcaldía Mayor de Bogotá. (2005). *Pruebas Comprender de Ciencias Sociales. Evaluación de la comprensión y el aprendizaje, 5º y 9º grados. Guía de orientación para profesores*, Bogotá: Secretaría de Educación de Bogotá. Serie Cuadernos de Evaluación (sep).

Alcaldía Mayor de Bogotá. (2000). *Control sobre la gestión pública.* Veeduría Distrital, Departamento Administrativo de Acción Comunal, Pontificia Universidad Javeriana. Instituto Pensar. Bogotá: Centro Editorial Javeriano (CEJA).

Adorno, Theodor (1998). *Tabúes sobre la profesión de enseñar.* En: *Educación para la emancipación.* ; Pp. 64-78. Madrid: Morata.

Aguilar, Juan Francisco y Betancourt, Javier (2000). *Construcción de cultura democrática en instituciones educativas de Santafé de Bogotá.* Bogotá: IDEP/INNOVE.

Arendt, Hanah (1990). *Hombres en tiempos de oscuridad.* Barcelona: Gedisa.

Arriaran, Samuel y Beuchot, Mauricio (1999). *Virtudes, valores y educación moral. Contra el paradigma neoliberal.* México: Universidad Pedagógica Nacional.

Apel, Karl-Otto (1985). *La transformación de la filosofía.* (Tomo II). *El a priori de la comunidad de comunicación.* Madrid: Taurus.

Apel, Karl-Otto (1986). *Estudios éticos.* Barcelona: Alfa.

Apel, Karl-Otto (1989). *La situación del hombre como problema ético.* En: Palacios, X. y Jarauta, F. (Eds.). *Razón, ética y política.* Barcelona: Anthropos.

Apel, Karl-Otto (1994). *Aspiraciones del comunitarismo anglo-americano desde el punto de vista de la ética discursiva.* En: Blanco Fernández, D.; Pérez Tapias, J.A. y Sáez Rueda, L. (Eds). *Discurso y realidad. En debate con K.-O. Apel.* Pp. 22-23. Madrid: Trotta.

Apel, Karl-Otto (1995a). *La ética del discurso ante el desafío de la filosofía latinoamericana de la liberación.* En: *Isegoría. Revista de filosofía moral y política.* N° 11, (abril); pp. 108-125. Madrid.

Apel, Karl-Otto (1995b). *Teoría de la verdad y ética del discurso.* Barcelona: Paidós.

Apel, Karl-Otto (1997). *El camino del pensamiento de Charles S. Peirce.* Madrid: La balsa de la Medusa-Visor.

Apel, Karl-Otto (1999). *Autopercepción intelectual de un proceso histórico.* Retrospectiva autobiográfica. En: *Revista Anthropos. Huellas del conocimiento.* N° 183, (marzo-abril); pp. 12-19. Barcelona.

Apel, Karl-Otto y Dussel, Enrique (2005). *Ética del discurso y ética de la liberación.* Madrid: Trotta.

Asencio, M.; Carretero, M. y Pozo, J.I. (1986). *La comprensión de la historia. Pensamiento relativista.* En: *Cuadernos de Pedagogía.* Nº 133; pp. 24-27. Barcelona: OEI.

Austin, John (1961). *How to do things with words.* Oxford, University Press [Versión en castellano: (1971) *Cómo hacer cosas con palabras.* Barcelona: Paidós].

Bauman, Zygmun (2004). *Modernidad líquida.* Buenos Aires: F.C.E.

Benhabib, Seyla (2005). *Los derechos de los otros. Extranjeros, residentes y ciudadanos.* Barcelona: Gedisa.

Benjamín, Walter (2002 [1980]). *La enseñanza de la moral.* En: *Ensayos (Tomo VIII).* Madrid: Editora Nacional.

Carretero, Mario (1993). *Constructivismo y educación.* Zaragoza: Edelvives.

Carretero, Mario, et al. (1996). *Construir y enseñar la ciencias sociales y la historia.* Buenos Aires: Aique.

Carretero, Mario. *La mirada del otro y la enseñanza de la historia.* En: www.mariocarretero.net/spanish/entrevista_mirada_otro.htm (Originalmente en *Cuadernos de Pedagogía*, 1998). Consultado el 30 de septiembre de 2005.

Carretero, Mario. *El espejo de Clío.* En: www.mariocarretero.net/spanish/entrevista_espejo_clio.htm (Originalmente en *Cero en conducta* (México), 1999). Consultado el 5 de octubre de 2005.

Carretero, Mario y Limón, Margarita (1994). *La construcción del conocimiento histórico. Algunas cuestiones pendientes de investigación.* En: *Cuadernos de Pedagogía* (Constructivismo), N° 221; pp. 24-26. Barcelona: OEI.

Carretero, Mario. *Enseñanza de la historia y construcción de la identidad nacional en Latinoamérica.* En: www.mariocarretero.net/spanish/entrevista_historia.htm (Originalmente en *Cuadernos de Pedagogía*, 2001). Consultado el 30 de septiembre de 2005.

Cherryholmes, C. (1980). *Social knowledge and citizenship education. Two views of truth and criticism.* En: *Curriculum Inquiry*, N° 2 Vol. 2, (verano).

Cortina, Adela (1995). *Karl-Otto Apel. Verdad y responsabilidad.* En: *Apel, Karl-Otto. Teoría de la verdad y ética del discurso.* Barcelona: Paidós.

Elías, Norbert (2002). *Compromiso y distanciamiento.* Barcelona: Península.

Ferro, M. (1990). *Cómo se enseña la historia a los niños del mundo entero.* México: F.C.E.

Gadamer, Hans-Georg (1996). *Verdad y método.* (Tomo II). Salamanca: Sígueme.

García Canclini, Néstor (1989). *Culturas híbridas. Estrategias para entrar y salir de la modernidad.* México: Grijalbo.

Giddens, Anthony (2001). *La tercera vía y sus críticos.* Madrid: Taurus.

Giroux, Henry (1992). *Teoría y resistencia en educación.* México: Siglo XXI.

Gómez E., Jairo (2005). *Aprendizaje ciudadano y formación ético-política.* Bogotá: Universidad Distrital Francisco José de Caldas.

Habermas, Jürgen (1985a). *Teoría de la acción comunicativa.* (2 Tomos). Buenos Aires: Taurus.

Habermas, Jürgen. (1985b). *La modernidad, un proyecto incompleto.* En: Hals Foster et al. *La posmodernidad.* Barcelona: Cairos.

Habermas, Jürgen (1986). *Ciencia y técnica como "ideología".* Madrid: Tecnos.

Habermas, Jürgen (1996). *Charles S. Peirce sobre comunicación.* En: *Textos y contextos.* Pp. 37-58. Barcelona: Ariel.

Habermas, Jürgen (1999a). *Un maestro con sensibilidad hermenéutica. La trayectoria del filósofo Karl-Otto Apel.* En: *Revista Anthropos. Huellas del conocimiento.* Nº 183, (marzo-abril); pp. 19-23. Barcelona.

Habermas, Jürgen (1999b). *La inclusión del otro. Estudios de teoría política.* Barcelona: Paidós.

Habermas, Jürgen (2000). *Conciencia moral y acción comunicativa.* Barcelona: Península.

Habermas, Jürgen (2002). *Verdad y justificación.* Madrid: Trotta.

Heller, Agnes (1998). *Ética ciudadana y virtudes cívicas.* En: Ágnes Heller y Ferenc Fehér. *Políticas de la postmodernidad. Ensayos de crítica cultural.* Pp. 215-231. Barcelona: Península.

Heller, Agnes y Fehér, Ferenc (2000). *La situación de la esperanza al final del siglo.* En: El *péndulo de la modernidad. Una lectura de la era moderna después de la caída del comunismo.* Pp. 235-249. Barcelona: Península.

Hoyos, Guillermo (1999). *Apel vs. Habermas: afinando la ética discursiva.* En: *Revista Anthropos. Huellas del conocimiento.* Nº 183, (marzo-abril); pp. 64-70. Barcelona.

Hoyos V., Guillermo y Vargas G., Germán (1996). *La teoría de la acción comunicativa como nuevo paradigma de investigación en ciencias sociales: las ciencias de la discusión.* Santafé de Bogotá: ICFES-ASCUN.

Hoyos V., Guillermo (2001). *Ética, valores y democracia.* En: Myriam Henao W. y Jorge O. Castro V. *Estados del arte de la investigación en educación y pedagogía en Colombia 1989-1999* (I Tomo). Sociedad Colombiana de Pedagogía. Bogotá: Colciencias.

Kettner, Matthias (1999). *Ética del discurso y responsabilidad por las generaciones futuras.* En: *Revista Anthropos. Huellas del conocimiento.* Nº 183, (marzo-abril); pp. 82-86. Barcelona.

Kohlberg, Lawrence (1981). *Essays on moral development.* (Vol. 1): *The Philosophy of moral development.* Nueva York: Harper and Row.

Kohlberg, Lawrence (1984). *Essays on moral development.* (Vol. 2): *The Psychology of moral development.* San Francisco: Harper and Row.

Kohlberg, Lawrence; Power, Clark y Higgins, Ann (2002). *La educación moral según Lawrence Kohlberg.* Barcelona: Gedisa.

Kuhn, Thomas S. (1982). *Tensión esencial. Estudios sobre la tradición y el cambio en el ámbito de la ciencia.* México: F.C.E.

Kymlicka, Will (2001). *Educación para la ciudadanía.* En: Francisco Colom (Ed.) *El espejo, el mosaico y el crisol. Modelos políticos para el multiculturalismo.* Barcelona: Anthropos.

Lipovetsky, Gilles (1996). *El crepúsculo del deber. La ética indolora de los nuevos tiempos democráticos.* Barcelona: Anagrama.

Maliandi, Ricardo (1999). *Ética y democracia en la filosofía de Apel.* En: *Revista Anthropos. Huellas del conocimiento.* Nº 183, (marzo-abril); pp. 86-92. Barcelona.

Marchesi, Jaime y Sotelo, Justo (2002). *Ética, crecimiento económico y desarrollo humano.* Madrid: Trotta.

Muguerza, Javier (1977). *La razón sin esperanza.* Madrid: Taurus.

Nieto G., Jaime R. (2001). *Convivencia escolar: retos y posibilidades.* En: Varios Autores. *Conflicto y convivencia en la escuela. Perspectivas.* Pp. 145-157. Medellín: Instituto Popular de Capacitación -IPC- de la Corporación de Promoción Popular.

Peña, Javier (2000). *La ciudadanía hoy: Problemas y propuestas*. Valladolid: Universidad de Valladolid, Secretariado de publicaciones e intercambio editorial.

Piaget, Jean (1971). *El criterio moral en el niño*. Barcelona: Fontanella.

Quintero, Marieta y Ruiz, Alexander (2004). *¿Qué significa investigar en educación?* Bogotá: Universidad Distrital Francisco José de Caldas.

Quintero M., Marieta y Ruiz S., Alexander (2004). *¿Qué significado tiene investigar sobre formación en valores?* En: Guillermo Hoyos y Miguel Martínez. *¿Qué significa educar en valores hoy?* Barcelona: Octaedro-OEI.

Ramírez, Piedad y Gómez, Jairo (2000). *La representación infantil del mundo social en el aula de clase: las nociones sociales*. Bogotá: Universidad Distrital Francisco José de Caldas.

Rubio Carracedo, José (2000). *Psicología moral (De Piaget a Kohlberg)* En: *Educación moral, postmodernidad y democracia. Más allá del liberalismo y del comunitarismo*. Pp. 17-63. Madrid: Trotta.

Ruiz S., Alexander (1999a). *Hermenéutica y teoría científica: de las diversas expresiones de la racionalidad*. En: *Revista Opciones pedagógicas*. Nº 20; pp. 69-77. Santafé de Bogotá: Universidad Distrital Francisco José de Caldas.

Ruiz S., Alexander (1999b). *La sociedad civil como un proyecto en permanente construcción*. En: Varios Autores. *Educación para la paz. Una pedagogía para consolidar la democracia social y participativa*. Pp. 263-282. Bogotá: Magisterio.

Ruiz S., Alexander (2000). *Pedagogía en valores. Hacia una filosofía moral y política de la educación*. Bogotá: Plaza & Janés.

Ruiz S., Alexander y Chaux T., Enrique (2005). *La formación de competencias ciudadanas*. Bogotá: ASCOFADE (Asociación Colombiana de Facultades de Educación).

Saldarriaga, Oscar (1999). *Del oficio de maestro*. Bogotá: Magisterio.

Taylor, Charles (1997). *Argumentos filosóficos*. Barcelona: Paidós.

Thiebaut, Carlos (1998). *Vindicación del ciudadano. Un sujeto reflexivo en una sociedad compleja*. Barcelona: Paidós.

Thiebaut, Carlos (1999). *De la tolerancia*. Madrid: La balsa de la medusa-Visor.

Tugenhat, Ernest (2001). *¿Cómo debemos entender la moral?* En: *Problemas*. Pp. 122-134. Barcelona: Gedisa.

Vattimo, Gianni (1994). *La reconstrucción de la racionalidad*. En Gianni Vattimo. *Hermenéutica y racionalidad*. Santafé de Bogotá: Norma.

Villegas, Cristina (2002). *Educación para el desarrollo moral*. Bogotá: Alfaomega-Uniandes.

Witgenstein, Ludwig (1988). *Investigaciones filosóficas*. México: UNAM.

Yáñez C., Jaime y Fonseca, María A. (2003). *Teorías y narraciones sobre la educación moral.* En: *Revista Colombiana de Educación.* Nº 45; pp. 118 – 143. Bogotá, Universidad Pedagógica Nacional.

Yáñez C., Jaime y Fonseca, María A. (2004). *Kohlberg y la educación moral.* En: Eduardo Aguirre D. y Jaime Yánez C. *Diálogos. Discusiones en la Psicología contemporánea.* Bogotá: Universidad Nacional de Colombia.

Young, Iris (1989). *Polity and group difference: a critique of the ideal of universal citizenship.* En: *Ethic.* Nº 99; pp. 250-279.

Yurén C., María Teresa (1995). *Eticidad, valores sociales y educación.* México: Universidad Pedagógica Nacional.

Zapata-Barrera, Ricard (1997). *Ética y política de extranjería: un debate desde la democracia. Revista de Trevall Social.* Nº 146 (junio); pp. 68-87.

El Autor

Alexander Ruiz Silva

Profesor Asociado e investigador de la Universidad Pedagógica Nacional (Colombia) en el campo de la formación ético-política; estudiante del doctorado en Ciencias Sociales de FLACSO (Argentina); Magíster en Educación; Psicólogo y Filósofo. Codirector del Grupo Moralia de investigación (UPN - Universidad Distrital, junto con Marieta Quintero). Investigador de los grupos Filosofía moral y política (Instituto Pensar PUJ, dirección Guillermo Hoyos) y Enseñanza de la historia e identidad nacional (FLACSO – UAM, dirección Mario Carretero). Coautor de los libros: *La formación de competencias ciudadanas (Ascofade, 2005); Que significa investigar en educación (Universidad Distital, 2005); ¿Qué es educar en valores hoy? (Octaedro - OEI, 2004). Autor del texto: Pedagogía en valores. Hacia una filosofía moral y política de la educación (Plaza & Janés, 2000).* Ha publicado trabajos sobre ética, ciudadanía y formación en diversas revistas y publicaciones colectivas. Junto con Guillermo Hoyos es coordinador y coautor de otro libro de esta misma colección: *Ciudadanías en formación* (Cooperativa Editorial Magisterio - OEI, 2007).

Correos electrónicos: *alexruizsilva@yahoo.com* / *alexruizsilva@ uni.pedagógica.edu.co*

Made in the USA
Monee, IL
07 July 2026